LOS LIBROS
HISTÓRICOS DEL
ANTIGUO TESTAMENTO

Interpretación eficaz hoy

LOS LIBROS HISTÓRICOS DEL ANTIGUO TESTAMENTO

Interpretación eficaz hoy

Samuel Pagán

Editorial CLIE
www.clie.es

EDITORIAL CLIE
C/ Ferrocarril, 8
08232 VILADECAVALLS
(Barcelona) ESPAÑA
E-mail: clie@clie.es
http://www.clie.es

LOS LIBROS HISTÓRICOS DEL ANTIGUO TESTAMENTO
ISBN: 978-84-944626-3-4
Depósito legal: B. 17183-2016
Comentarios bíblicos
Antiguo Testamento
Referencia: 224974

Nota biográfica del autor

SAMUEL PAGÁN es un académico puertorriqueño que se ha distinguido en el complicado y desafiante mundo de las traducciones de la Biblia. Y es uno de los eruditos latinoamericanos de más aprecio y reconocimiento internacional en las postrimerías del siglo XX y comienzos del XXI. Sus contribuciones al mundo del saber no han sido pocas: ha escrito y publicado más de cuarenta libros y cientos de artículos sobre asuntos bíblicos, teológicos y literarios; además, ha organizado, trabajado o editado varias Biblias de estudio en castellano, que han superado las líneas denominacionales y nacionales. En la actualidad sirve como profesor de Sagradas Escrituras y decano del Centro de Estudios Bíblicos en Jerusalén. Posee varios grados doctorales de universidades y seminarios de gran prestigio y reconocimiento académico.

Pagán ha sido reconocido en diversas partes del mundo, tanto en foros académicos y eclesiástico, como en contextos interreligiosos y gubernamentales por sus buenas aportaciones al conocimiento y por sus investigaciones y libros, que han ayudado de forma destacada a las traducciones, el estudio y la comprensión de la Biblia. Su labor literaria, investigativa y docente ha contribuido a la salud integral y al mejoramiento de la calidad de vida de millones de hombres y mujeres en el mundo de habla castellana. Junto a su esposa, la doctora Nohemí Pagán, viven en Kissimmee (Florida) y Jerusalén.

Dedicatoria

Dedico este libro en torno a la literatura histórica en la Biblia a los hermanos y las hermanas de las Iglesias Discípulos de Cristo de Hato Nuevo, Brooklyn, Santa Juanita, Miami y Bella Vista-Caná. Esas congregaciones contribuyeron de forma destacada en mi formación espiritual y profesional...

Gracias, muchas gracias, muchas veces...

Contenido

❋ Prefacio

Oíd esto, casa de Jacob, que os llamáis del nombre de
Israel, los que salieron de las aguas de Judá, los que juran
en el nombre de Jehová, y hacen memoria del Dios de
Israel, mas no en verdad ni en justicia;
porque de la santa ciudad se nombran, y en el Dios de
Israel confían; su nombre es Jehová de los ejércitos.
Lo que pasó, ya antes lo dije, y de mi boca salió;
lo publiqué, lo hice pronto, y fue realidad.
Por cuanto conozco que eres duro, y barra de hierro
tu cerviz, y tu frente de bronce,
te lo dije ya hace tiempo; antes que sucediera te lo advertí,
para que no dijeras: Mi ídolo lo hizo, mis imágenes de
escultura y de fundición mandaron estas cosas.

Isaías 48.1-5

Los libros históricos

Una vez más me propongo estudiar, analizar y explicar la literatura histórica en la Biblia hebrea, o en nuestro Antiguo Testamento. ¡Ya lo he hecho en otras ocasiones! Y siempre es un gusto ponderar esta extraordinaria obra, que tiene valores teológicos y religiosos, virtudes espirituales y éticas, y que contribuye positivamente a las vivencias políticas y sociales, tanto en las iglesias y las sinagogas como en la sociedad contemporánea en general.

Nuestro acercamiento a esa singular literatura en este libro se fundamentará en el canon cristiano, que ubica esta sección de las Escrituras luego de la Torá o el Pentateuco. En el canon hebreo esa sección histórica se identifica como los *nebi'im* o los Profetas, y se describe en dos secciones: «profetas anteriores» y «profetas posteriores». Los primeros incluyen a Josué, Jueces, Samuel y Reyes; los segundos a Isaías, Jeremías, Ezequiel y los Doce, que en la tradición cristiana se conocen mejor como profetas menores. En este libro estudiaremos la singular e importante obra histórica que enmarca los mensajes de grandes profetas como Elías, Eliseo y Natán, y prepara el camino para el estudio de los libros conocidos en las Biblias cristianas como profetas mayores y menores.

Llegaremos a esta literatura desde varias perspectivas. En primer lugar, vamos a presentar las peculiaridades temáticas, literarias y teológicas de los libros, al mismo tiempo que identificamos sus antecedentes y los diversos contextos históricos, sociológicos, políticos y religiosos que enmarcaron esta fundamental obra. Además, nos interesa explorar algunos temas teológicos e históricos que pueden servir de puente para traducir y transformar esos desafiantes mensajes históricos y proféticos en medio de las vivencias contemporáneas, tanto para los creyentes individuales como para las comunidades de fe y la sociedad en general.

Las lecturas teológicas de la historia de Israel generan fuerzas determinantes y extraordinarias que contribuyeron sustancialmente al desarrollo del judaísmo, y posteriormente al nacimiento y crecimiento de las iglesias. El énfasis que las personas que escribieron y redactaron esta literatura les dieron, por ejemplo, a los valores de la paz, la justicia, la dignidad y la esperanza constituyen una contribución destacada al desarrollo de una experiencia religiosa saludable, grata, transformadora y liberadora. Y varias de estas reflexiones teológicas sobre la historia del pueblo dieron fundamento teológico y temático a los mensajes de Jesús de Nazaret, le brindaron al apóstol Pablo el andamiaje educativo y filosófico para llevar a efecto su tarea misionera y le permitieron al vidente del Apocalipsis articular con sentido de dirección y seguridad su mensaje de esperanza y futuro.

Nuestro estudio

Dividiremos la obra en dos grandes secciones. En primer lugar, luego de la introducción, analizaremos los libros históricos, que en las Biblias hebreas se agrupan como la primera sección de los libros proféticos, mejor conocidos en las tradiciones judías como «profetas anteriores». Veremos cómo esas narraciones de la llegada de los israelitas a las tierras de Canaán se interpretan como el cumplimiento de las antiguas profecías dadas a los patriarcas y las matriarcas del pueblo.

Además, en nuestro estudio analizaremos cómo esas antiguas narraciones históricas de los comienzos de los israelitas en las tierras de Canaán revelan un singular e importante tipo de teología, en la cual la misericordia divina juega un papel preponderante y protagónico. Y esa singular teología, que incorpora valores y principios que se encuentran en el Pentateuco, es fundamental en el desarrollo teológico general de las Sagradas Escrituras.

Las narraciones épicas de la llegada y conquista de la llamada «Tierra Prometida» se imprimieron de forma indeleble en las mentes de los profetas, pues recurrían una y otra vez a esos relatos, que se entendían como una manifestación extraordinaria de la misericordia divina. Más que documentos meramente históricos que describen lo sucedido a la llegada de los israelitas a Canaán, se revelan, en el análisis sobrio de esas narraciones, perspectivas teológicas de importancia que se fundamentan de manera destacada en la teología que se incluye en el libro del Deuteronomio.

Posteriormente, en el período exílico, un nuevo esfuerzo histórico se lleva a efecto, y esas reflexiones se incluyen en la llamada «historia cronista». Y esa singular y novel «historia del pueblo de Israel» toma en consideración las narraciones que se incluyen en los esfuerzos deuteronomistas y revisa, añade o quita material, para afirmar un tipo de teología que respondiera con efectividad a la desgracia histórica de perder ante los ejércitos de Nabucodonosor, y la calamidad nacional del exilio en Babilonia. Y, en ese contexto de deportaciones y destierros, el tema del retorno a Jerusalén y la reconstrucción del Templo destruido era una necesidad histórica y teológica inmediata.

Una palabra final de gratitud es necesaria para concluir este prefacio. Muchas personas han colaborado, de forma directa e indirecta, en el nacimiento, la redacción, el desarrollo y la edición de este nuevo libro en torno a los profetas bíblicos. En primer lugar, es pertinente agradecer a los hermanos y las hermanas de una serie de congregaciones locales que facilitaron y bendijeron nuestra formación espiritual y profesional. A las siguientes congregaciones Discípulos de Cristo va nuestro agradecimiento sincero y público: Hato Nuevo, Santa Juanita y Bella Vista-Caná (Puerto Rico), Brooklyn (Nueva York) y Miami (Florida).

En medio de esas extraordinarias congregaciones estudié el mensaje de esta singular literatura histórica, y en esos contextos eclesiásticos íntimos aprendí la importancia de la revelación divina en medio de la historia humana, que es real, pertinente, visionaria y concreta, y que afirma con certeza que la paz solo se hace realidad cuando se fundamenta en la justicia.

En medio de esos buenos hermanos, hermanas y comunidades de fe ensayé los primeros mensajes que cincelaron permanentemente mi teología, y recibí las respuestas iniciales a mis reflexiones teológicas incipientes.

Gracias… Muchas gracias… Muchas veces…

Además, le agradezco a Alfonso Triviño, de Editorial CLIE, la invitación a escribir este libro. Hemos comenzado una buena relación literaria y editorial, que esperamos supere los linderos del tiempo. CLIE ha entendido la importancia de publicar libros que desafíen la inteligencia y que también afirmen la fe. Gracias…

Y a Nohemí, que siempre escucha mis conferencias y mensajes, lee pacientemente mis escritos y libros y evalúa con criticidad y amor mis reflexiones y teologías… A ella va mi más honda expresión de gratitud. Gracias…

Culmino este prefacio aludiendo a las magníficas palabras del poeta y profeta bíblico, que afirma con claridad y seguridad la capacidad divina de comunicación: «Lo que pasó, ya antes lo dije, y de mi boca salió; lo publiqué, lo hice pronto, y fue realidad».

Dr. Samuel Pagán
Semana Santa 2016

1

❋ Recuentos de la historia de Israel

¿Se tocará la trompeta en la ciudad, y no se alborotará el pueblo? ¿Habrá algún mal en la ciudad, el cual Jehová no haya hecho? Porque no hará nada Jehová el Señor, sin que revele su secreto a sus siervos los profetas. Si el león ruge, ¿quién no temerá? Si habla Jehová el Señor, ¿quién no profetizará?

AMÓS 3.6-8

La conquista de Canaán

De acuerdo con las narraciones del Pentateuco, luego de la muerte de Moisés (Dt 34) el liderato nacional recayó en manos de Josué, cuyo objetivo primordial era llevar a los israelitas hasta Canaán, que, desde la perspectiva de las tradiciones patriarcales, ya era conocida como la «Tierra Prometida». Marcó el inicio de ese proceso el cruce del río Jordán —desde la región ocupada por la actual Jordania a Israel y Palestina—, que guarda ciertos paralelos con el cruce de Moisés a través del mar Rojo (Jos 1-3; Ex 14-15).

La llamada «conquista» del territorio cananeo fue un proceso difícil, largo y complejo (Jue 1), que en ocasiones se llevó a efecto de manera pacífica, pero que en otros momentos incluyó hostilidades, conflictos y guerras (Jue 4-5). Ese fue un período de fundamental importancia en la historia bíblica, pues los israelitas pasaron de ser una comunidad nómada o seminómada a convertirse en un pueblo asentado en las tierras con las cuales se relacionarían el resto de su historia nacional.

Los pueblos que los israelitas encontraron en Canaán tenían en común una ascendencia semita, pero también mostraban elementos culturales distintivos e historias nacionales definidas. Por esa razón, en ocasiones, las luchas fueron intensas, pues estaban en juego no solo los terrenos y los pueblos necesarios para vivir y desarrollar una nación, sino la identidad cultural, que brinda a las comunidades sentido de historia y cohesión, así como salud

emocional, espiritual y social. Con el tiempo muchas de las comunidades cananeas se fundieron con los grupos israelitas que
comenzaban a poblar y colonizar la región (Jue 9).

Mientras que en Canaán los israelitas estaban en pleno proceso de asentarse en la región, habían comenzado una serie importante de cambios políticos en el resto del Oriente Medio. Las
grandes potencias de Egipto y Babilonia comenzaban a ceder
sus poderes a nuevos pueblos que intentaban sustituirlos en la
implantación de políticas internacionales. Esos cambios y transiciones de poder, en el contexto mayor del Creciente Fértil,
permitieron a los pueblos más pequeños como los de Canaán
desarrollar sus propias iniciativas y adquirir cierta independencia
económica, política y militar.

De esos cambios internacionales que dejaron un cierto vacío
político en Canaán se beneficiaron los recién llegados grupos de
israelitas. Desde la perspectiva de la profesión religiosa, los pueblos cananeos tenían un panteón bastante desarrollado, que incluía una serie importante de celebraciones y reconocimientos en
honor al dios Baal y a las diosas Aserá y Astarté. Además, tenían
un panorama complejo de divinidades menores que primordial-
mente se relacionaban con la fertilidad. En esencia, las religiones
cananeras eran agrarias que adoraban a Baal como dios principal
y señor de la tierra.

El período de los jueces

El llamado «período de los jueces» en la historia bíblica comienza con la muerte de Josué (Jos 24.29-32) y con la reorganización de los grupos israelitas que se habían asentado en las
tierras Canaán. La característica política, social y administrativa
fundamental de este período (c. 1200-1050 a. C.) es posiblemente la restructuración social de los israelitas que llegaron de Egipto, más los que se les habían unido en Canaán en diversos grupos
tribales de naturaleza casi independientes. Ese era un tipo de
modelo administrativo que se vivía en la región cananea antes
de la llegada de los israelitas.

Y en ese contexto de independencia parcial de los grupos, ahora separados por regiones y tribus, en ocasiones se levantaban líderes para unirlos y enfrentar dificultades sociopolíticas y económicas, y desafíos en común. Esos líderes son conocidos como «jueces», aunque su finalidad no estaba cautiva necesariamente en las tareas de interpretación y aplicación de las leyes. Un buen ejemplo de los poemas y las épicas que celebran los triunfos de estas uniones militares estratégicas entre las tribus es el singular cántico de Débora (Jue 5), que afirma y disfruta la victoria definitiva de los grupos israelitas sobre las antiguas milicias cananeas.

Pero, mientras los israelitas se consolidaban en Canaán, y las potencias internacionales de Egipto y Babilonia estaban en pleno proceso de decadencia política y militar, llegaron a las costas, provenientes de Creta y otros lugares del Mediterráneo y del sur de Turquía, unos grupos conocidos como «los pueblos del mar», que por algunas transformaciones lingüísticas fueron conocidos posteriormente como los filisteos. Con el tiempo, fueron estos filisteos los que representaron las mayores dificultades y constituyeron las amenazas más importantes y significativas a los diversos grupos israelitas.

Aunque los filisteos trataron de conquistar infructuosamente Egipto, lograron llegar y asentarse en Canaán. Se apoderaron, en primer lugar, de las llanuras costeras (c. 1175 a. C.), y fundaron posteriormente cinco importantes ciudades: Asdod, Gaza, Ascalón, Gat y Ecrón (1 S 6.17). Y desde esas ciudades llevaban a efecto incursiones militares en las zonas montañosas de Canaán, que les fueron ganando con el tiempo el reconocimiento y el respeto regional.

Posiblemente el fundamento del éxito filisteo estaba relacionado con sus trabajos con el hierro, que les permitía la fabricación de equipo agrícola resistente y el desarrollo de armas de guerra poderosas (1 S 13.19-22). Estos filisteos constituyeron una de las razones más importantes para que los israelitas pasaran de una administración local de jueces al desarrollo de una monarquía.

La monarquía en Israel

Para responder de forma adecuada y efectiva a los nuevos desafíos que les presentaban las amenazas militares de los grupos filisteos, las tribus israelitas debieron reorganizar y transformar sus gobiernos locales en una administración central, con los poderes necesarios y recursos inherentes para establecer, entre otros, un ejército. Y ese fue el comienzo de la monarquía en Israel: la necesidad de responder de forma unificada a los desafíos que les presentaba la relación con el resto de las naciones, particularmente en tiempos de crisis.

Luego de superar las resistencias internas de grupos opuestos al gobierno central (1 S 8), y bajo el poderoso liderato de Samuel, que fue el último juez, se estableció finalmente la monarquía en Israel. Fue Samuel mismo quien ungió al primer rey, Saúl, e inició formalmente un proyecto de monarquía (c. 1040 a. C.), aunque en ocasiones accidentado, que llegó hasta el período del exilio y la deportación de los israelitas a Babilonia (c. 586 a. C.).

El rey Saúl comenzó su administración luego de una gran victoria militar (1 S 11); sin embargo, nunca pudo reducir definitivamente y triunfar sobre las fuerzas filisteas. Y fue precisamente en medio de una de esas batallas cruentas contra los filisteos en Gilboa que murió Saúl, el primer rey de Israel, y también perecieron tres de sus hijos (1 S 31.1-6).

David fue entonces proclamado rey en la histórica ciudad de Hebrón (2 S 2.4), para sustituir a Saúl, luego de algunas luchas internas e intrigas por el poder. Y aunque su reinado comenzó de forma modesta, solo con algunas tribus del sur, su poder fue extendiéndose de forma gradual al norte, de acuerdo con las narraciones bíblicas. Luego de ser reconocido como líder máximo entre todas las tribus de Israel, las unificó al establecer su trono y centro de poder político y religioso en Jerusalén, que era una ciudad neutral y de gran prestigio, con la cual se podían relacionar libremente tanto las tribus del norte como las del sur.

Bajo el liderato de David el gobierno central se estabilizó y expandió; además, se unieron al nuevo gobierno central ciudades cananeas previamente no conquistadas, y también se sometieron varios pueblos y ciudades vecinas ante el aparato militar de David, que ya había demostrado ser buen militar y también buen administrador y político. Y entre sus victorias significativas está el triunfo sobre los filisteos, que le permitió, con la pacificación regional, expandir su reino y prepararlo para los nuevos proyectos de construcción y los programas culturales de su sucesor. Los relatos de los libros de Samuel y Reyes ponen de manifiesto estas hazañas de David, que se magnifican en los libros de las Crónicas.

Antes de morir, y en medio de intrigas, dificultades y conflictos para iniciar su dinastía, David nombró a uno de sus hijos, Salomón, como su sucesor, que con el tiempo, y por sus ejecutorias políticas y diplomáticas, adquirió fama de sabio y prudente (1 R 5-10). Durante la administración de Salomón el reino de Israel llegó a su punto máximo esplendor y extensión, de acuerdo con el testimonio bíblico. De particular importancia en este período fueron las grandes construcciones y edificaciones, entre las que se encuentran las instalaciones del palacio real y el Templo de Jerusalén.

La monarquía dividida

Luego de llegar al cenit del poder y esplendor bajo el liderato del famoso rey Salomón, la monarquía en Israel comenzó un proceso acelerado de descomposición, desorientación, desintegración y decadencia. La necesaria unidad nacional a la que se había llegado gracias a las decisiones políticas y administrativas de David se rompió bruscamente como respuesta a los abusos del poder político y administrativo desde la ciudad de Jerusalén, y particularmente por las malas decisiones en torno a la clase trabajadora y la implantación de un sistema desconsiderado e injusto de recolección de impuestos.

A la muerte de Salomón, y con la llegada al poder de su hijo Roboam (1 R 12.1-24), resurgieron las antiguas rivalidades, conflictos y contiendas entre las tribus del norte y las del sur. Al carecer de la sensatez administrativa, el buen juicio y la madurez personal de sus predecesores, y en medio de continuas rebeliones, insurrecciones y rechazos, el nuevo rey presenció cómo la monarquía unificada fue finalmente sucumbiendo, dando paso a los reinos del norte, con su capital en Samaria (1 R 16.24), y del sur, con su sede en Jerusalén. Roboam se mantuvo como rey de las tribus del sur, Judá; y un funcionario de la corte de Salomón, Jeroboam, fue proclamado rey en el norte, Israel.

Los reinos del norte y del sur prosiguieron sus historias de forma paralela, aunque para los profetas de Israel, paladines de la afirmación, el compromiso y la lealtad al pacto o alianza de Dios con su pueblo, esa división nunca fue aceptada ni apreciada. El desarrollo político y social interno de los pueblos dependió, en esta época, no solo de las decisiones nacionales, sino de las políticas expansionistas de los imperios vecinos.

En el sur, la dinastía de David se mantuvo en el gobierno por más de 300 años, aunque en ese proceso histórico su independencia se vio en varias ocasiones muy seriamente amenazada: en primer lugar, por los asirios (s. VIII a. C.), y luego por los medos y los caldeos (s. VI a. C.). Finalmente, la caída definitiva de Judá llegó en manos de los babilónicos (586 a. C.); la ciudad de Jerusalén fue destruida y devastada por los ejércitos invasores y posteriormente saqueada por varias naciones vecinas, entre las que se encontraban Edom y Amón (Ez 25.1-4).

En torno a la caída del reino de Judá y las experiencias de la comunidad derrotada, la Biblia presenta algunas descripciones dramáticas (2 R 25.1-30; Jer 39.1-7; 52.3-11; 2 Cr 36.17-21) y poéticas (p. ej., el libro de las Lamentaciones). Esa experiencia de destrucción, tuvo grandes repercusiones teológicas, espirituales y emocionales en el pueblo y sus líderes políticos y religiosos. Esa fulminante derrota constituía la caída de la nación y la pérdida de las antiguas tierras de Canaán, que se entendía que les habían sido dadas por Dios como parte de las promesas a los antiguos patriarcas y a Moisés.

En el norte, por su parte, la administración gubernamental no pudo solidificar bien el poder y el reino sufrió de una continua inestabilidad política y social. Esa fragilidad nacional provenía tanto de razones administrativas y conflictos internos como también de razones externas: las potencias del norte estaban en el proceso de recuperar el poder internacional que habían perdido, y amenazaban continuamente el futuro del frágil reino de Israel. Y como, lamentablemente, los esfuerzos por instaurar una dinastía estable y duradera fracasaron, a menudo en formas repentinas y violentas (Os 8.4), la inestabilidad política no solo se mantuvo sino que aumentó con los años. Esas dinámicas internas en el reino del norte hicieron difícil la instalación de una administración gubernamental estable que llegara a ser económicamente viable y políticamente sostenible.

La caída y destrucción total del reino de Israel se produjo de forma gradual. En primer lugar, los asirios impusieron un tributo alto, oneroso e impagable (2 R 15.19-20); posteriormente, siguieron con la toma de varias comunidades y con la reducción de las fronteras para finalmente llegar y conquistar Samaria, llevar al exilio a un sector importante de la población e instalar en el reino un gobierno extranjero títere, una administración local que era fiel a Asiria.

Reyes de Judá e Israel

Es extremadamente difícil identificar las fechas de incumbencia específicas de los diversos monarcas de Judá e Israel, y las razones son varias: por ejemplo, la imprecisión de algunas de las referencias bíblicas en torno al comienzo y culminación de algunos reyes, la costumbre de tener corregentes en el reino y las evaluaciones teológicas que hacen los escritores bíblicos de algunas administraciones.

Véanse las tablas con las referencias a las fechas aproximadas de los monarcas en los reinos del norte y del sur.

El exilio en Babilonia

El período exílico en la Biblia es uno de dolor intenso y creatividad absoluta. Por un lado, las narraciones bíblicas presentan la naturaleza y extensión de la derrota nacional y las destrucciones que llevaron a efecto los ejércitos de Nabucodonosor; y, del otro, ese mismo período es uno fundamental para la creatividad teológica y para la edición final de los documentos que formaron con el tiempo Biblia hebrea.

La derrota y destrucción de Judá dejó la nación devastada, pero quedaron personas que se encargaron de proseguir sus vidas en Jerusalén y en el resto del país. En Babilonia, por su parte, las políticas oficiales hacia los deportados permitían la reunión y formación de familias, el vivir en comunidades (p. ej., en Tel Aviv, a las orillas del río Quebar; véase Ez 3.15), la construcción de viviendas, el cultivo de huertos (p. ej., Jer 29.5-7) y el derecho a consultar a sus líderes, jefes y ancianos en momentos determinados (Ez 20.1-44). De esa forma, tanto los judíos que habían quedado en Palestina como los que habían sido deportados a Babilonia comenzaron a reconstruir sus vidas, paulatinamente, en medio de las nuevas realidades políticas, económicas, religiosas y sociales que experimentaban.

En esos nuevos contextos y vivencias, la experiencia religiosa judía cobró un protagonismo inusitado. En medio de un entorno explícitamente politeísta, el pueblo judío exiliado debió actualizar sus prácticas religiosas y teologías para responder de forma efectiva y creativa a los nuevos desafíos espirituales. Y en ese contexto de extraordinario desafíos culturales y teológicos es que surge la sinagoga como espacio sagrado para la oración, la enseñanza de la Ley y la reflexión espiritual, pues el Templo estaba destruido y a la distancia.

La Torá, que ya gozaba desde tiempos preexílicos de prestigio y autoridad en Judá y Jerusalén, fue reconocida y apreciada con el tiempo como documento fundamental para la vida del pueblo, y los libros proféticos se revisaban y comentaban a la luz de la realidad de la deportación. Los Salmos, y otra literatura que posteriormente se incluyó en las Escrituras, comenzaron a leerse con los nuevos ojos exílicos (p. ej., Sal 137), y cobraron dimensión nueva.

De esa forma dramática, la estadía en Babilonia desafió la inteligencia y la creatividad judías, y el destierro se convirtió en

espacio de gran creatividad literaria e importante actividad intelectual y espiritual. En medio de todas esas dinámicas complejas
que afectaban los diversos niveles y expresiones de la vida, un
grupo de sacerdotes se dedicó a reunir y preservar el patrimonio
intelectual y espiritual del pueblo exiliado. Y entre ese grupo de
líderes que entendieron la importancia de la preservación histórica de las memorias se encuentra el joven Ezequiel, que además
de sacerdote era profeta y poeta (Ez 1.1-3; 2.1-5).

Mientras un sector importante de los deportados soñaban con
regresar algún día a Jerusalén y Judá, y hacían planes específicos
para el retorno (Is 47.1-3), otro grupo, sin embargo, de forma
paulatina se acostumbró al exilio y, aunque añoraba filosófica-
mente un regreso definitivo a su país de origen, para todo efecto
práctico se preparó para quedarse en Babilonia. La verdad fue
que, en efecto, las esperanzas de un pronto regreso a Jerusalén y
Judá fueron decayendo con el tiempo, pues el exilio se prolongó
por varias décadas (c. 586-539 a. C.).

Libros históricos y proféticos

La Biblia hebrea se divide en tres secciones mayores y básicas: la Ley (o *torah*), los Profetas (o *nebi'im*) y los Escritos
(o *ketubim*). La segunda, que es la mayor, se conoce como «los
Profetas» y, a su vez, se divide en dos partes: «profetas anteriores» y «profetas posteriores». En el primer grupo se incluyen las
obras de Josué, Jueces, Samuel y Reyes; en el segundo, los libros de Isaías, Jeremías, Ezequiel y los Doce. Es decir, que cada
sección de los Profetas consta de cuatro royos, pues los hebreos
contaban los dos libros de Samuel y Reyes como uno, así también como el de los Doce, que también es conocido como los
«profetas menores» en las ediciones cristianas de las Escrituras.

En efecto, la sección de profetas en la Biblia hebrea puede
dividirse en dos bloques, ambos de cuatro libros: cuatro profetas
anteriores y cuatro profetas posteriores. Y el entorno general de
la sección es ciertamente histórico y profético, pues en la narración de la historia nacional de la llegada y conquista de Canaán

se incluyen mensajes de profetas importantes como Elías, Eliseo y Natán, que complementan los oráculos de los grandes profetas nacionales que dejaron impresas sus palabras en libros que llevan sus nombres.

Los profetas eran un grupo aguerrido y valiente de activistas y visionarios que traducían las revelaciones de Dios en mensajes al pueblo y sus líderes. La literatura que produjeron es ciertamente histórica; y más que histórica, profética, puesto que presentan al pueblo la llegada de los israelitas a la Tierra Prometida, así como el cumplimiento de las antiguas promesas divinas dadas a los antepasados del pueblo en la Torá o Pentateuco.

Los «profetas anteriores», conocidos en el Antiguo Testamento como libros históricos, son una serie de libros con marcado interés histórico y carácter teológico. Estas obras revelan una muy clara tendencia religiosa que toma del libro de Deuteronomio varias características básicas: por ejemplo, el estilo literario, la fraseología y las repeticiones, el concepto de pueblo escogido por Dios para identificar a los israelitas y varios temas adicionales de importancia histórica y teológica.

Estas obras constituyen una importante sección bíblica que presenta una visión panorámica de la historia del pueblo de Israel desde la entrada a la Tierra Prometida —luego de la salida de Egipto, el peregrinar por el desierto y la revelación en el Sinaí—, hasta la derrota y caída del reino del sur, la destrucción del Templo por los ejércitos babilónicos y el exilio de un sector importante del pueblo a Babilonia. Es una especie de continuación histórica que prosigue las narraciones del Pentateuco, que finalizaron con los discursos de Moisés antes de la conquista de Canaán, de acuerdo con el libro de Deuteronomio.

De esta forma queda establecido en las Sagradas Escrituras un período fundamental en la historia del pueblo, que incluye la llegada a la Tierra Prometida, los procesos políticos, religiosos y sociales de adaptación a esas nuevas ciudades y regiones, el establecimiento de la monarquía, la división de los reinos del norte y del sur y las caídas definitivas de las monarquías ante las invasiones y la milicia de las potencias extranjeras.

La tradición cristiana se refiere a esta sección de la Biblia como «libros históricos», por la importancia que le brindan las narraciones a la historia nacional. Las ediciones cristianas de las Escrituras incluyen el libro de Rut entre Jueces y Samuel, y Esdras, Nehemías y Ester luego de las Crónicas. Algunos libros deuterocanónicos o apócrifos como Judit y Tobit parecen pertenecer muy bien a esta sección histórica de las Escrituras.

La lectura cuidadosa de estos libros revela la relación cercana que existe entre la historia que proclaman y los mensajes de los profetas de Israel. Los personajes principales de las narraciones (p. ej., Josué, Samuel, Débora, Gedeón, Saúl, David y Salomón) forman parte del gran plan de salvación que se pone de manifiesto tanto en el Pentateuco como en los libros históricos. Esa gran iniciativa de redención divina nace en la creación del mundo, pasa por las promesas a los patriarcas y las matriarcas de Israel, recibe un buen impulso en la revelación del Monte Sinaí, se confirma en la llegada y conquista de las tierras de Canaán y se manifiesta con vigor en la historia de la monarquía, desde sus inicios hasta su caída definitiva con la derrota ante los ejércitos babilónicos liderados por el famoso monarca Nabucodonosor. En efecto, estos «libros históricos», o «profetas anteriores» en las Biblias hebreas, presentan un período importante de la historia del pueblo, desde una buena perspectiva teológica y profética.

Lo que hace que estos libros, que se presentan como históricos, se transformen en proféticos es el vínculo estrecho que hacen sus autores entre las narraciones de los acontecimientos y su interpretación teológica. Los redactores de la obra están muy interesados en guiar y orientar a sus oyentes y lectores antiguos sobre las implicaciones personales, nacionales e internacionales de sus pensamientos, decisiones y acciones. Esa singular perspectiva teológica de la historia nacional la recibieron estos autores de los famosos y antiguos profetas de Israel.

La fe del pueblo bíblico no se fundamenta en algún tipo de filosofía abstracta e impersonal, sino en las formas concretas y específicas que Dios interviene en las vivencias cotidianas de la comunidad de fe. De esta forma la historia se veía y entendía con importancia, pues era el escenario principal de las intervenciones divinas.

Los estudios científicos y críticos de las Sagradas Escrituras relacionan esta sección de la Biblia con el libro de Deuteronomio, y también la identifican como «historia deuteronomista». La influencia del quinto libro de la Torá en este grupo de libros se nota claramente en la interpretación que hacen de la historia de la monarquía unida y de los dos reinos, y particularmente en las formas que evalúan el comportamiento y las acciones de los monarcas y del pueblo.

El éxito o fracaso de las gestiones oficiales del pueblo se analiza en relación con la Ley de Moisés (p. ej., Dt 12.2-3; 2 R 17.10-12), particularmente las secciones que hablan de las bendiciones y las maldiciones. Le teología que presuponen estos libros deuteronomistas es de bendición si guardan los mandamientos divinos, y de maldición si se rebelan y desobedecen las instrucciones y regulaciones reveladas en el Sinaí. El criterio último para determinar las virtudes y los defectos de los monarcas y del pueblo israelita se lleva a efecto a la luz de la fidelidad y el compromiso a los mandamientos de Dios.

Finalidad teológica y profética

Luego de sesenta años de exilio en Babilonia, la teología del libro de Deuteronomio penetró con fuerza en la comunidad deportada, y algunos de sus profetas, escritores y redactores comenzaron a evaluar la historia nacional con ojos críticos. La gran pregunta que se hacían los profetas del pueblo era la siguiente: ¿qué pudo haber ocasionado la derrota del reino a manos de un ejército invasor, que acabó con la dinastía de David, terminó con la pérdida de la Tierra Prometida y generó la deportación a unas tierras extrañas y politeístas? Esa singular pregunta tenía el contexto de las promesas divinas a los patriarcas, el pacto de Dios con Moisés en el Sinaí y la promesa mesiánica a David.

Posiblemente, uno de los objetivos más importantes de la historia deuteronomista (p. ej., Josué, Jueces, Samuel y Reyes) es poner de manifiesto que los continuos pecados del pueblo propiciaron la crisis de la derrota, el exilio y la deportación. Esta obra, que a la vez es histórica y teológica, evalúa con criticidad las vivencias del pueblo e identifica las rebeliones y las infidelidades nacionales como la causa real de la pérdida nacional y la destrucción de las instituciones religiosas que le brindaban al pueblo significación espiritual, social y política. El propósito teológico de esta narración histórica es poner de relieve que el exilio en Babilonia no fue un evento fortuito del azar, sino una manifestación adicional de la voluntad divina que intenta enseñarle al pueblo la importancia de la fidelidad a las promesas y revelaciones de Dios.

En efecto, la caída de Jerusalén es producto de las actitudes pecaminosas y rebeldes del pueblo. La deportación a tierras extranjeras es el resultado directo del pecado y la desobediencia nacional. El mensaje fundamental del libro del Deuteronomio es la importancia de la obediencia y la fidelidad. Y la historia deuteronomista, en esa misma tradición teológica, intenta demostrar que el juicio a Israel y la caída de Judá eran las merecidas respuestas divinas por las continuas infidelidades al pacto del pueblo.

La evaluación cuidadosa y sobria de esta literatura revela el gran espíritu profético que incluye. Aunque Dios manifestaba su amor y su misericordia de forma continua en medio de las realidades cotidianas de la comunidad, el pueblo, de forma sistemática, demostraba una actitud impropia y rebelde que incentivó el juicio divino que culminó en la derrota nacional y el destierro. Y como el pueblo no vivió el gran mensaje del libro de Deuteronomio —amar al Señor con todas las fuerzas y obedecer sus mandamientos—, el resultado es la destrucción social, la crisis política, la devastación económica y la desorientación religiosa. En cierto sentido, el libro del Deuteronomio es la introducción de la historia deuteronomista, pues presenta los criterios teológicos que servirán de base para la evaluación de las actitudes del pueblo.

Y, fundamentados en esa teología, los escritores de esta historia nacional, recopilan, redactan y editan el material necesario para articular una narración crítica de las vivencias del pueblo de Israel. Esa historia teológica y profética consta de, por lo menos, cinco etapas fundamentales, en las que se puede notar lo mejor de la vida del pueblo y también lo peor de sus actos.

La primera etapa es la gran conquista de la Tierra Prometida a manos de Josué, el sucesor de Moisés. Se trata de una serie de relatos que se fundamentan en la teología del cumplimiento de las promesas de Dios a los patriarcas y matriarcas de los israelitas. De acuerdo con las narraciones, este fue un período de gloria y esplendor del pueblo. Según las narraciones que se incluyen en el libro de Josué, los israelitas demostraron superioridad militar y conquistaron los pueblos cananeos que vivían en la región. La interpretación teológica de esas actividades militares es que el Señor mismo les guiaba y orientaba para que lograran esas victorias.

Esos actos de agresión, destrucción, matanzas y desalojos, independientemente de sus implicaciones éticas y morales, son interpretados por los redactores deuteronomistas como la manifestación plena de la voluntad divina. Inclusive, el discurso final de Josué (Jos 22.1-24.33) es similar al testamento espiritual de Moisés que se incluye al terminar el Deuteronomio.

Las lecturas teológicas y éticas contemporáneas de estas narraciones deben ciertamente tomar en consideración las perspectivas y los sufrimientos de esas comunidades invadidas.

La segunda etapa de estas narraciones se relaciona con el período de los jueces, que comienza con la afirmación de que en el pueblo había una especie de anarquía nacional. Mientras que el énfasis en el libro de Josué es de bendición, conquista y victorias, en el libro de los Jueces el ambiente es diferente, pues revela las actitudes de rebelión y desobediencia de las nuevas generaciones de israelitas. Mientras que en Josué se presentan generalmente las victorias del pueblo sobre los habitantes de las tierras de Canaán, en Jueces se pone de manifiesto el proceso lento de llegar a una nueva región e interaccionar con los pobladores locales, hasta que el poder se transfiere, si es que ciertamente se llegó al poder en alguna ocasión.

El libro de los Jueces presenta un claro patrón temático y teológico que no debemos obviar en nuestro análisis, pues es reiterativo: el pueblo peca, es castigado por Dios, se arrepiente y clama por ayuda, Dios le levanta un juez o caudillo, llega la victoria, se disfruta de la paz, para posteriormente repetir el ciclo. Se trata de una serie de narraciones donde se destacan las infidelidades del pueblo y las misericordias de Dios.

Una tercera etapa en el proceso histórico se pone de manifiesto con el comienzo de la institución de la monarquía, y específicamente con el liderato del rey David. De acuerdo con la literatura deuteronomista, el período de la monarquía de David es uno de los mejores en la historia nacional. Según los relatos bíblicos, ¡fue una época de gran bendición y prosperidad! David es un héroe indiscutible que triunfa sobre Goliat, los filisteos, Saúl y sobre sus enemigos externos e internos. Y en ese contexto de esplendor y poder se ubica la importante y singular narración de la promesa mesiánica a David, de que su dinastía sería perpetua en el pueblo (2 S 7).

Le sigue un período de gran importancia histórica y teológica, que comienza con el rey Salomón, sucesor de David, prosigue con la división de los reinos y llega hasta las caídas de Samaria y posteriormente de Jerusalén. En esta sección se analizan las acciones y decisiones de los reyes, tanto del norte como del sur, para ver si están en harmonía con la revelación divina del pacto.

En la evaluación de este período se destacan las figuras egregias de los profetas, particularmente la de Elías, que es un paladín de la religión de Israel, en contraposición a las religiones cananeas politeístas.

La historia deuteronomista finaliza, luego de la caída del reino del norte, con la invasión de los babilónicos del reino del sur, la derrota militar, la destrucción del Templo y la amarga experiencia de deportación y exilio.

La historia de los reinos de Israel y Judá llega a su fin por el pecado reiterado del pueblo, que era visto y entendido como actos de infidelidad ante Dios. Ni aún las grandes reformas de Josías detuvieron el juicio divino, que terminó en derrota, frustración, dolor, desesperanza, angustia, anarquía, desolación y destierro. Lo que comenzó como una manifestación de la gracia divina terminó con el juicio de Dios por causa de las rebeldías del pueblo.

Valoración histórica

La historia deuteronomista es una lectura y redacción teológica y profética de antiguas narraciones del pueblo. Esos relatos orales y escritos transmitían de generación en generación las memorias de las vivencias del pueblo, que se manifestaban en medio de continuos desafíos espirituales, religiosos, políticos, sociales, económicos y militares. Esas memorias nacionales se fueron entrelazando a través de los años y los siglos, hasta llegar al período exílico, en donde fueron recopiladas finalmente de forma escrita y se juntaron para darle al pueblo sentido de esperanza y futuro en medio de la crisis del destierro en Babilonia. El propósito fundamental de los «profetas anteriores» es brindarle al pueblo sentido de futuro y porvenir. La palabra final de la obra no es de juicio sino de esperanza.

Al leer, evaluar e interpretar las diversas narraciones de la historia deuteronomista (Josué, Jueces, Samuel y Reyes), debemos entender que son relatos eminentemente teológicos, que más que indicar lo que sucedió en la historia nacional del pueblo intentan interpretar diversos acontecimientos a la luz de la revelación divina y las promesas de Dios. Quienes escriben editan y redactan estos relatos; no están tan interesados en identificar y describir una serie de acontecimientos nacionales aislados, lo que desean hacer es interpretar esos eventos a la luz de la fe y de sus experiencias religiosas. En efecto, estas narraciones son mucho más que historia, son teología, y esencialmente revelan una muy fuerte y definida teología de la esperanza.

La historia que se incluye en estos libros se fundamenta en la teología y la interpretación profética, pues la finalidad básica de la obra es indicar cómo Dios ha intervenido en medio de las vivencias del pueblo hasta cumplir sus planes y propósitos, desde la llegada de los israelitas a Canaán hasta la destrucción de Jerusalén por los babilónicos. En efecto, el propósito último de la historia deuteronomista es indicar que Dios ha acompañado al pueblo en medio de sus diversas experiencias de vida, para poner claramente de manifiesto su voluntad salvadora y revelación liberadora. Y ese elemento profético, es el hilo conductor de esta importante obra, que más que histórica es teológica.

Una singular y definitiva nota de esperanza

Ciertamente, no todo en la literatura deuteronomista es juicio, destierro y destrucción. El propósito de esta gran obra histórica y teológica no es solo justificar la destrucción de las instituciones nacionales y el exilio del pueblo. Una lectura crítica de las narraciones y la evaluación minuciosa de los libros revela varios mensajes de esperanza y restauración que no pueden ni deben ignorarse. Y esa serie importante de notas de esperanza y futuro se identifica y revela con claridad en un comentario importante el final del segundo libro de los Reyes, donde se indica que el rey Joaquín, que estaba preso en Babilonia, es liberado, o por lo menos se le permite vivir en libertad dentro del imperio babilónico (2 R 25.27-30).

De singular importancia profética en esta gran obra histórica y teológica son las referencias a los textos mesiánicos en relación a David. La promesa del profeta Natán a David (2 R 7.1-29; cf. 1 Cr 17.1-27) es un tema valioso en la historia deuteronomista, pues se reitera y repite con insistencia (p. ej., 1 R 8.20-25; 9.5; 11.5; 13.32-36; 15.4). El propósito básico es indicar, en medio de las penurias del exilio, que aunque en el destierro no gozaban de gobierno propio y de una monarquía establecida, Dios era fiel a sus promesas y restauraría la casa de David en el momento oportuno. Y esa era una muy clara señal de esperanza para el pueblo.

El pacto de Dios con David es una de las narraciones teológicas más significativas de todas las Sagradas Escrituras. La profecía consta de dos secciones de importancia. La primera tiene que ver con la permanencia de David y su dinastía, que era un signo de estabilidad y futuro de la monarquía (2 S 7.8-11, 16). Y la segunda sección se relaciona con Salomón. El mensaje se dispone en forma paralela: en primer lugar, David no construirá una «casa» o templo para el Señor; pero el Señor le dará una «casa» o dinastía a David.

En este mensaje se encuentra el corazón de la esperanza mesiánica del pueblo de Israel y el fundamento del futuro para la comunidad de deportados en Babilonia. En el exilio no veían muchas posibilidades de vida luego de la derrota y la deportación, sin embargo, esta promesa divina les abría un nuevo panorama de posibilidades para el porvenir.

Esa palabra final en torno a la dinastía real, junto a las reiteradas exhortaciones al arrepentimiento, ponen de relieve las posibilidades concretas de restauración nacional. Está planteada en la obra, la actitud misericordiosa de Dios, que responde con perdón y liberación a los clamores y arrepentimientos del pueblo. Esa teología de la compasión y misericordia divinas puede extenderse aun en medio de la diáspora y la pérdida del país.

La palabra final de Dios para el pueblo de Israel, de acuerdo con la historia deuteronomista, no es el exilio, ni la destrucción nacional, ni la deportación, ni la desesperanza, ni mucho menos la derrota. Subyacente en la obra está la teología de la esperanza, que es la forma bíblica y deuteronomista de responder a la sociología de la desesperanza y el dolor. El dolor, la deportación y el exilio no son las palabras finales de Dios para su pueblo. El mensaje divino fundamental, aun en medio del destierro, es el perdón, la restauración y el futuro de esplendor.

2

❊ El libro de Josué

Y si mal os parece servir a Jehová, escogeos hoy a quién sirváis; si a los dioses a quienes sirvieron vuestros padres, cuando estuvieron al otro lado del río, o a los dioses de los amorreos en cuya tierra habitáis; pero yo y mi casa serviremos a Jehová.

Josué 24.15

El libro y su mensaje

El libro de Josué, ubicado luego del Pentateuco o la Torá tanto en el canon judío como en el cristiano de las Escrituras, es el sexto de la Biblia; además, es el primero entre los *nebi'im* o Profetas, en la sección de los llamados «profetas anteriores» en las tradiciones judías. Su nombre se relaciona principalmente con el personaje principal de las narraciones, cuya obra está relacionada con el cruce del río Jordán y la llegada y conquista de la Tierra Prometida, Canaán.

El nombre hebreo Josué significa «el Señor es salvación», y le fue impuesto a nuestro protagonista por Moisés (Nm 13.8, 16) del original Oseas, que significa «salvación». Los cambios de nombres en la antigüedad eran signos de transformaciones sustanciales en el carácter y la personalidad. En este caso, el cambio por un nombre teofórico tiene la finalidad de destacar la relación directa con Dios que tiene el protagonista principal e indiscutible del libro.

El escenario general de las narraciones del libro son las tierras de Canaán. Luego de acampar en las llanuras de Moab, Josué, bajo la dirección de Dios, lleva al pueblo a través del río Jordán a la Tierra Prometida, que era el destino último del peregrinaje por el desierto que había comenzado con la salida de las tierras del faraón de Egipto bajo el liderato de Moisés.

Canaán era la meta del viaje, pues constituía el cumplimiento pleno de las promesas divinas. En el acto de llegar a estas nuevas tierras y poseerlas, el pueblo de Israel ve la capacidad divina de cumplir las promesas que había hecho, de acuerdo con las narraciones bíblicas, a los patriarcas, Abrahán, Isaac y Jacob (Gn 13.14-17; 26.3-5; 28.13-14). De acuerdo con el libro de Josué, todas esas promesas de Dios a los antepasados de Israel se cumplieron: ¡no faltó ni una! (Jos 21.25).

De esta forma, Canaán se convierte en el signo indiscutible de la fidelidad divina. El Dios bíblico, Señor de los patriarcas y las matriarcas de Israel, cumple su palabra de forma definitiva y fiel. La Tierra Prometida se convierte de esta forma en símbolo pleno de la lealtad de Dios, que cumple sus propósitos con los israelitas, aunque las actitudes del pueblo no manifestaban el mismo nivel de responsabilidad y fidelidad al pacto en el monte Sinaí.

De acuerdo con el libro de Josué, aunque el pueblo ya había llegado a la Tierra Prometida, dependía de su fidelidad su permanencia en ella. Inclusive, las victorias y los fracasos del pueblo en el proceso de ocupación y conquista de Canaán se relacionan directamente a la fidelidad que los israelitas le manifestaban a Dios (Jos 7.1-5). En ocasiones, el triunfo fundamentado en la lealtad era firme y resonante (Ex 17.8-16); mientras que, en otras oportunidades, la infidelidad generaba derrotas absolutas (Nm 14.20-23, 40-45).

Josué

La figura de Josué tiene gran importancia en la tradición bíblica. Como sucesor de Moisés y responsable de llevar al pueblo a la Tierra Prometida (Dt 31.3), que era una responsabilidad no solo teológica, sino política y militar, fue llamado «profeta» (Si 46.1). El hijo de Nun provenía de la tribu de Efraín y acompañó a Moisés como su colaborador fiel y leal desde la juventud (Nm 11.28). Y, entre los acontecimientos que le prepararon para sustituir al gran líder del éxodo de Egipto, están las siguientes hazañas extraordinarias: guió al pueblo a la victoria contra los amalecitas en Refidim (Ex 17.8-15); estuvo junto a Moisés en el monte Sinaí (Ex 24.13; 32.17); fue parte de la expedición que exploró la tierra de Canaán (Nm 16.6, 38); y desempeño un buen papel en la crisis del pueblo contra Moisés al regresar de Canaán (Nm 13.30; 14.69-9, 36-38).

El proceso de transición de liderato se llevo a efecto de forma continua y suave. Moisés le seleccionó y comisionó como su sucesor en una ceremonia de gran significación teológica, de acuerdo con las estipulaciones divinas (Nm 27.15-23). Y por su compromiso a favor de la entrada y conquista de Canaán, junto a Caleb, en contraposición al resto de los exploradores que no recomendaban la operación por razones tácticas (Dt 1.36-38), recibió la bendición de llegar a la Tierra Prometida, cosa que no vieron las generaciones que salieron de Egipto.

Por esos actos de heroísmo y fidelidad Dios mismo le promete a Josué su presencia continua, como estuvo junto a su siervo Moisés (Jos 1.1-9). Según las narraciones bíblicas, Josué murió luego de cumplir sus responsabilidades de conquistar la tierra de Canaán, lleno del «espíritu de sabiduría» (Dt 34.9), que es una manera de indicar que no perdió el juicio con los años, a los ciento diez años en la montaña de Efraín, en Timnat-sera (Jos 24.29-30; Jue 2.8-9).

Para las iglesias cristianas, Josué ha sido una figura de singular importancia por varias razones. En primer lugar, el nombre «Jesús de Nazaret» es una variación dialectal galilea de Josué. Además, las actividades de Josué pueden relacionarse con el ministerio de Jesús (Hch 7.45; Heb 11.30-31; Stg 2.25): llevó al pueblo a la Tierra Prometida, gestión que era interpretada por los cristianos como símbolo del ministerio de Cristo; su triunfo sobre las dificultades y los obstáculos que encontró en Canaán se relacionaron con las batallas de los creyentes, que deben enfrentar las más complejas adversidades en la vida; el cruce del río Jordán puede muy bien asociarse con el bautismo; la destrucción de la ciudad de Jericó, con el triunfo sobre los poderes del maligno; y la salvación de Rahab y su familia es una especie de anticipación de la salvación que llegaría hasta los gentiles mediante la predicación y el ministerio de la iglesia.

Entrada a la Tierra Prometida

La llegada de los israelitas a Canaán bajo el liderato de Josué se llevó a efecto aproximadamente por el año 1250 a. C., que puede relacionarse con el período arqueológico conocido como del Bronce reciente (1550-1200 a. C.) al Hierro I (1200-900 a. C.). En ese período, tanto en tiempos de Josué como en Jueces, Egipto estaba con dificultades internas y como poca capacidad imperial, pero tenía control sobre los territorios cananeos. Esa paulatina decadencia política y militar comenzó en la época de Ramsés II (1290-1224 a. C.) y se agudizó durante la incumbencia de su sucesor, Mernepta (1224-1204 a. C.).

Referente al faraón Mernepta II es importante indicar que llevó a cabo algunas incursiones bélicas en Canaán, entre las que se identifican, en una estela real, la victoria sobre Israel. Esta singular mención histórica constituye la primera alusión al pueblo de Israel en documentos extrabíblicos; además, es la única referencia a los israelitas en la literatura egipcia disponible hasta el día de hoy.

Durante esa época, y particularmente durante la administración del faraón Ramsés III (1184-1153 a. C.), el poder militar y administrativo de Egipto en Canaán fue disminuyendo de forma gradual ante la llegada imponente y la invasión militar de los llamados pueblos del mar. Los filisteos en ese período ocuparon las costas cananeas que llegaban hasta las fronteras con Egipto, y amenazaban la estabilidad del imperio.

En ese mismo período, además, el imperio hitita en Canaán fue sacudido por los problemas y las dificultades en las naciones orientales del mar Mediterráneo. Ese también fue un tiempo de transformaciones internas en Transjordania, pues los reinos de Edom, Moab y Amón se consolidaron, entre otras razones, por las crisis de las potencias de la época.

Y ese fue el contexto amplio de la llegada y conquista de los israelitas en Canaán. El debilitamiento de las potencias extranjeras, unido a la desorganización y el vacío de poder en la antigua Palestina, propiciaron que los israelitas pudieran establecerse en esa región y ocupar gran parte del territorio que quedaba sin la cobertura y protección militar de alguno de los imperios internacionales de la época.

Las posibilidades en torno a cómo finalmente Israel conquistó y se asentó en Canaán, la Tierra Prometida, son varias. De acuerdo con las narraciones bíblicas, tenemos dos perspectivas iniciales. La primera, bajo el liderato de Josué, brinda la impresión de que la conquista y posesión de gran parte del territorio cananeo fue rápida, firme y definitiva. La segunda, que se incluye con detenimiento en el libro de Jueces, también bajo el liderato de Josué, revela que el proceso de conquista fue más lento y difícil, hay ciudades no conquistadas e, inclusive, hasta derrotas. La sumisión definitiva de las últimas ciudades cananeas se llevó a efecto en la época de la monarquía, específicamente bajo el liderato del rey David y su sucesor, Salomón.

Las lecturas cuidadosas y científicas del texto bíblico revelan que los procesos de llegada a Canaán y las dinámicas de conquista de la región no fueron tareas fáciles, ni rápidas, ni mucho menos definitivas. Ni conquistaron los territorios en una campaña militar, ni los antiguos cananeos fueron exterminados de forma completa. Según las Escrituras, muchos pobladores locales se mantuvieron en sus ciudades (Jos 15.63; 17.12-13), establecieron acuerdos de paz con los israelitas que llegaban y hasta aprendieron a convivir con ellos (Jos 9.1-27; 16.10). La llamada «conquista de Canaán» no fue un triunfo militar inmediato, sino un proceso de llegada y asimilación lento y complejo que estuvo lleno de dificultades sociales y religiosas, y saturado de desafíos políticos y económicos. Esos problemas con los pueblos de la región se complicaron con el tiempo por la falta de organización social y política interna de los grupos de israelitas que llegaban del desierto y de Egipto.

Las investigaciones arqueológicas en varias de las ciudades identificadas en la Biblia ponen de manifiesto que a mediados del s. XIII a. C. hubo, en efecto, algunas destrucciones violentas en Canaán (p. ej., Betel, Laquis, Eglón y Hazor). Sin embargo, los temas y las narraciones de la conquista de la Tierra Prometida, y sus detalles militares, son muy complejos desde la perspectiva literaria, teológica, sociológica e histórica. Además, es extremadamente difícil, de acuerdo con los conocimientos actuales, compaginar algunos de los descubrimientos arqueológicos con varios de los relatos bíblicos. A la luz de la investigación actual, sin embargo, podemos afirmar que posiblemente los israelitas jugaron un papel de importancia en las transformaciones y los cambios que se llevaron a efecto en las tierras de Canaán durante ese período.

Diversas teorías han intentado explicar lo que sucedió en Canaán durante la conquista. Para algunos estudiosos el proceso fue el de una infiltración pacífica de los israelitas, que con el tiempo llegaron a establecer acuerdos con los pobladores locales hasta llegar a ser mayoría en las ciudades. Otros eruditos hablan de una revolución social en la cual los israelitas salidos de Egipto se unieron a grupos de campesinos oprimidos para conquistar las ciudades. Y aun otros académicos aluden a un proceso gradual por el cual el sistema de organización agraria de los campesinos de la época, por la influencia del crecimiento y desarrollo de las ciudades cananeas, fue cediendo el paso a la formación de un estado más unificado y definido. De alguna de esas formas, o por sus combinaciones, se estableció finalmente el pueblo de Israel en los antiguos territorios de cananeos.

Nuestra comprensión de las culturas cananeas aumentó considerablemente con los importantes descubrimientos arqueológicos en la antigua ciudad de Ugarit, o Ras Shamra, en las costas de fenicia. Esos hallazgos nos han permitido comprender mejor la religión y la mitología de la región a la que llegaron los israelitas con Josué. A su vez, nos han ayudado a ubicar las narraciones bíblicas en contra de la idolatría en su justa perspectiva.

Los pueblos cananeos tenían un panteón bien desarrollado, en el cual el dios Baal ocupaba un sitial de honor y reconocimiento: era el dios de las lluvias y las tempestades, y el dios de las tierras y la fertilidad. Sus adoradores y seguidores llevaban a efecto ceremonias complejas para recibir el favor divino. Y junto a Baal estaban sus rivales, Iam (el mar) y Mot (la muerte), y su consorte, Anat, que le apoyaba y defendía; además, el panteón alude al anciano dios El, que fue finalmente destituido por Baal.

Teología y estructura

El propósito teológico básico del libro de Josué es afirmar de manera categórica que Dios es fiel a sus promesas. La finalidad es presentar el cumplimiento de las antiguas promesas hechas a Abrahán, que se hacían realidad con la conquista de la Tierra Prometida, que no era otra cosa sino el regalo divino al pueblo de Israel. Y la nueva narración de la conquista se une a las del Pentateuco o Torá al indicar que Josué llega al liderato nacional luego del fallecimiento de Moisés. La intención de la obra es afirmar la continuidad de la revelación divina. Lo que comenzó en Génesis ahora se hace realidad en el libro de Josué. El objetivo de Josué no es presentar un relato históricamente detallado y específico del proceso de conquista, sino que

esa finalidad teológica del libro se pone en clara evidencia al ver que algunos eventos, que pueden ser históricamente relevantes e importantes, pero que no tienen gran relevancia teológica, se tratan de forma breve, sumaria y resumida, como las referencias a las conquistas de las regiones del norte y del sur (Jos 11.1-15; 10.28-43). No se indica tampoco cómo llegaron los israelitas al centro de Canaán, ni cómo trasladaron el campamento desde Gilgal a Silo. Esta importante finalidad teológica se subraya con la importante expresión «yo estoy contigo» (Jos 1.5, 9; 23.3, 10), que es una especie de estribillo de seguridad humana y acompañamiento divino.

La estructura de la obra no es muy compleja, pues se puede dividir en tres secciones básicas y fundamentales: la conquista de las tierras de Canaán (Jos 1.1-12.24); la división de la Tierra Prometida por las tribus (Jos 13.1-22.34); y la renovación del pacto (Jos 23.1-24.33). Los capítulos iniciales (Jos 1.1-18) y finales (23.1-24.33) le brindan al libro una especie de marco teológico definido y claro: la conquista de Canaán es el cumplimiento de las promesas divinas a los patriarcas y a los israelitas; y la renovación del pacto es la respuesta del pueblo a ese don divino.

La primera sección del libro (Jos 1.1-12.24) presenta las dinámicas de conquista de las tierras de Canaán, que para el libro era la Tierra Prometida. Luego de la muerte de Moisés, Josué toma el liderato del pueblo (Jos 1.1-2; Dt 31.7-8) desde las llanuras de Moab, y lo lleva a través del río Jordán a la Tierra Prometida, para posteriormente organizar las campañas de conquista por las diversas regiones palestinas. La organización de esas campañas militares se hace de forma sistemática, según los relatos de la obra. En primer lugar, llega a las regiones y ciudades centrales de Palestina, y prosigue luego con el norte y con el sur.

El contexto general de estas campañas militares es el discurso introductorio de Josué, que ubica todas las narraciones en un marco teológico claro y definido (Jos 1.3), en el cual se indica que Dios le ha entregado al pueblo de Israel todo lo que pisen, como previamente le había dicho a Moisés. Es decir, el programa de conquista, según el libro de Josué, está fundamentado en la revelación de Dios a Moisés, y es el cumplimiento de las promesas divinas. La conquista de Canaán, de acuerdo con estos postulados teológicos, no es el resultado de las fuerzas militares del pueblo, ni de la sabiduría y las estrategias de los líderes del ejército, sino producto de la gracia y la misericordia divina.

La parte final de esta primera sección presenta una lista de los reyes y las ciudades conquistadas por Josué (Jos 12.24), que es una manera de reiterar el poder divino sobre toda la región cananea.

La narración se presenta en un ambiente de milagros y prodigios, que sirven para corroborar la presencia divina y la significación religiosa en los procesos de conquista. Las preparaciones previas a llegar a Canaán son elocuentes, pues ponen de manifiesto las dinámicas teológicas de las narraciones.

La renovación del pacto se hizo conforme lo había ordenado Moisés (Jos 8.30-35); el apoyo de Rahab fue espectacular y providencial (Jos 2); el paso del río Jordán recuerda el cruce del mar Rojo; la celebración en Gilgal revela una dimensión cúltica profunda (Jos 5); la toma milagrosa y litúrgica de Jericó (Jos 6); el triunfo sobre Hai, luego de sufrir una derrota por la desobediencia de Acán (Jos 7-8); el acuerdo de paz con los gabaonitas (Jos 9); la singular victoria de Josué en Gabaón, donde se «detiene el sol» para que los israelitas culminen la destrucción (Jos 10); y la campaña militar contra los monarcas del norte

(Jos 11), que le brindó a Josué, de acuerdo con las narraciones, el poder sobre toda Palestina.

Todas estas narraciones ponen claramente de relieve las implicaciones teológicas de los acontecimientos.

En la segunda sección del libro (Jos 13.1-22.34) se presenta la división de las tierras de Canaán a las tribus de Israel. Se describen las fronteras ideales de la Tierra Prometida a ambos lados del Jordán, con algunos datos topográficos de importancia. En las narraciones se alude a la distribución de tierras que no fueron conquistadas por Josué. Toda la sección incluye una serie de estadísticas y listas cuya importancia se relaciona con la identificación de las fronteras de los territorios de las tribus; y también se han localizado algunas ciudades que se mencionan en la Biblia, pero de localización dudosa.

Las distribuciones de las tierras se llevan a efecto en dos momentos. En primer lugar, las reparticiones se hicieron en Gilgal (Jos 14.1-17.18), ciudad que está ubicada cerca de Jericó, donde habían llegado las tribus luego de cruzar el río Jordán. Posteriormente, se llevan a efecto en Silo (Jos 18.1-19.51), a donde habían llevado el arca del pacto. Las divisiones de las tierras las hacen Josué, Eliazar, el sumo sacerdote, y los jefes de las tribus, y toman en consideración la naturaleza y población de cada tribu. Y esta distribución tomó en consideración dos instituciones importantes en el Oriente Medio antiguo: las ciudades de refugio y las ciudades levíticas. Las primeras eran espacio salvador para homicidas involuntarios, y las segundas, para los miembros de la tribu de Leví.

La división de las tierras pone de manifiesto el concepto de justicia distributiva del pueblo, para que todas las tribus recibieran las tierras en las cuales pudieran desarrollar comunidades sustentables. En estas listas se identifican también las ciudades en las cuales los levitas debían vivir, ya que no tenían parte en la repartición de los terrenos conquistados (Jos 13.14).

En esta sección no solo se incluyen los territorios conquistados por Josué, sino que se aluden a ciudades que no fueron tomadas por Josué (Jos 12.2-5). Inclusive, varios lugares que se mencionan en estas narraciones nunca formaron parte del territorio de Israel.

La final y tercera sección de la obra (Jos 23.1-24.33) presenta el importante discurso de despedida de Josué (Jos 23), la renovación del pacto o alianza del Sinaí, y se alude a la muerte y sepultura de nuestro protagonista (Jos 24). Los temas prioritarios, en efecto, son: el establecimiento de las tribus de Israel en Canaán, las recomendaciones finales de Josué al pueblo y la renovación del pacto en Siquem, que es una manera de cerrar teológicamente la obra con una manifestación de fidelidad ante Dios.

El discurso de despedida de Josué (Jos 24) es una especie de resumen histórico del pueblo, e incluye tres períodos fundamentales: la elección de los patriarcas y matriarcas de Israel, el período del éxodo de Egipto y su peregrinaje por el desierto, para finalmente aludir a la entrada de los israelitas a la Tierra Prometida, Canaán. Este discurso le recuerda al pueblo las intervenciones divinas en medio de las vicisitudes humanas, con el propósito de incentivar una actitud de fidelidad y lealtad de parte del pueblo.

La guerra santa

Una de las instituciones antiguas, tanto en Israel como en otros lugares del Oriente Medio antiguo, se relaciona con la guerra, específicamente con las formas de disponer del botín que se produce como resultado de las victorias militares. La frase que se repite con alguna regularidad en las narraciones de la conquista es «exterminio dedicado al Señor», que proviene de la palabra hebrea *herem*, tradicionalmente traducida al castellano como «anatema» (p. ej., Jos 6.17-21; 7.1-2; véase también Dt 13.16-18; 20.16-18). La idea que transmite es que, como parte de los procesos de guerra, las ciudades conquistadas y sus habitantes, y también sus posesiones y hasta animales, se dedicaban totalmente a Dios, que implicaba el exterminio absoluto de los ciudadanos y sus pertenencias.

El acto era una especie de ofrenda a Dios que se aplicaba de forma violenta, cruel e inmisericorde, y tenía como finalidad teológica evitar que las contaminaciones, particularmente las religiosas, afectaran adversamente a los israelitas. En el contexto de este tipo de guerra, identificada como «santa», el botín no debía beneficiar a ninguna persona, por el potencial de corrupción que representaban tanto las personas como sus posesiones. Había una particular preocupación en torno a la idolatría de los pueblos paganos (Dt 7.1-6; 13.13-19; 20.16-18), que en las narraciones de Josué se trata de evitar que lleguen a Israel.

El caso de Acán (Jos 7.1-26) representa un acto específico de desobediencia pública a esta ley de anatema o exterminio de guerra, que propició la derrota del pueblo de Israel en la ciudad de Hai, muy cerca de Jericó. De acuerdo con la expresión bíblica, «los hijos de Israel cometieron una infidelidad en cuanto a la anatema, porque Acán... tomó algo del anatema, y la ira del Señor se encendió...» (Jos 7.1).

En el pueblo de Israel la ley del anatema no se llevó a efecto con frecuencia ni de forma radical. El contexto específico de estas narraciones militares son las narraciones de la conquista de Canaán, que intentan responder de forma militar y religiosa a las amenazas que presentaba la idolatría de esa región a la experiencia cúltica del pueblo de Israel. Posiblemente, estos relatos de victorias milagrosas y destrucciones absolutas deben entenderse mejor como afirmaciones teológicas contra la idolatría que como recuentos puramente históricos de lo sucedido en los procesos de llegada y asentamiento en las regiones y ciudades cananeas.

Las doce tribus de Israel

Las narraciones de la conquista de Canaán afirman con regularidad que las tribus de Israel que llegaron a la Tierra Prometida son doce. Sin embargo, la identificación de ellas no es la misma en todos los relatos. En el libro de Génesis, por ejemplo, se presenta a los doce hijos de Jacob (Gn 49.1-27), aunque en las listas que se incluyen en otros pasajes no son los mismos personajes. Posiblemente el cambio más significativo es la omisión de José por sus hijos Manasés y Efraín, y el cambio de Leví o Simeón.

En Génesis, los hijos de Jacob provienen de sus cuatros esposas: Lea, Zilpa (Sierva de Lea), Raquel y Bilha (sierva de Raquel). Todos estos nombres tienen origen semítico y son comunes en el período patriarcal en el Oriente Medio. Cada uno de estos personajes representaba a un grupo, tribu o clan, que se veía a sí mismo como «iguales» en un tipo de federación entre las tribal, que respondía a amenazas y desafíos en común. Las diferencias en las listas pueden ser indicadores que el proceso de unificación tribal fue paulatino y lento, y que en el proceso, algunos grupos fueron disminuyendo y otros adquiriendo poder.

Las listas de las tribus son las siguientes:

Génesis 49.1-27	Números 1.5-15	Deuteronomio 33.1-29
Rubén	Rubén	Rubén
Simeón	Simeón	Judá
Leví	Judá	Leví
Judá	Isacar	Benjamín
Zabulón	Zebulón	Efraín*
Isacar	Efraín*	Manasés*
Dan	Manasés*	Zebulón
Gad	Benjamín	Isacar
Aser	Dan	Gad
Neftalí	Aser	Dan
José*	Gad	Neftalí
Benjamín	Neftalí	Aser

La teología de la renovación del pacto

Un tema de gran significación teológica en el libro de Josué se pone de manifiesto en las dos narraciones de la renovación del pacto de alianza del pueblo. Estos relatos se ubican en la ciudad de Siquem (Jos 8.30-35; 24.1-28), que tiene una muy larga tradición religiosa, especialmente relacionada con los patriarcas (Gn 12.6-7; 33.18). La primera narración de renovación se lleva a efecto cuando el pueblo llegó a la Tierra Prometida, luego de conquistar a Jericó y Hai. Y la segunda se celebra en una etapa terminal de la vida de Josué. Ambos recuentos ponen de relieve la importancia del tema religioso en el libro, y revelan la continuidad teológica de la obra con el resto del Pentateuco o Torá.

El primer relato de renovación es corto, directo y preciso (Jos 8.30-35), sin introducción específica, los detalles no abundan, las explicaciones extensas faltan, solo se incluyen los elementos esenciales de la renovación, las particularidades indispensables del acto. El propósito, posiblemente, es poner en ejecución las antiguas recomendaciones y prescripciones mosaicas (Dt 27.1-26); el objetivo es cumplir con lo estipulado antiguamente por Moisés.

Josué manda construir un altar de piedras y hace sus sacrificios al Señor en el monte Ebal, con la mitad del pueblo; la otra mitad estaba en el monte Gerizim. Y en medio de este contexto cúltico, litúrgico y de sacrificios, el líder del proceso de conquista leyó al pueblo las palabras de bendiciones y maldiciones de la Ley (Dt 11.26-30; 28.1-68). Era una forma de comprometer a la comunidad con la voluntad divina, de acuerdo con lo revelado previamente a Moisés.

La segunda asamblea de renovación del pacto se ubica en las postrimerías del libro, casi al final de la vida de Josué. Es una narración similar a la que indica que Moisés exhortó al pueblo a la fidelidad al Señor antes de morir (Dt 29.8-28). Una vez más se ponen de relieve los paralelos y las continuidades entre las narraciones del Deuteronomio y las de Josué. En efecto, parece que quienes redactaron el libro de Josué estaban muy preocupados por revelar estas importantes relaciones temáticas y teológicas.

Al final de su vida, Josué convocó al pueblo para renovar el pacto que habían hecho con Dios. Esta narración (Jos 24.1-28), que presenta algunos detalles de la ceremonia de renovación y un discurso, por su importancia teológica y literaria constituye el tema final del libro de Josué. Es un texto bíblico de gran importancia, pues incluye lo que los estudiosos han denominado como el credo histórico fundamental del pueblo de Israel.

El discurso de Josué comienza con una visión panorámica de la historia nacional (Jos 24.2-13), en la cual se presentan algunos detalles significativos de los patriarcas, el éxodo de Egipto y la conquista de la Tierra Prometida; prosigue una exhortación al pueblo para que se decida a seguir al Señor y rechazar las divinidades paganas (Jos 24.14-15), a lo que el pueblo asiente y acepta (Jos 24.16-18); se hace un recuento de los males que llegarán al pueblo si desobedece al compromiso (Jos 24.19-20) y el pueblo reitera su compromiso de serle fiel a Dios (Jos 24.21-24); finalmente, Josué pactó nuevamente con el pueblo de forma definitiva y clara (Jos 24.25).

El propósito teológico del discurso de Josué es poner de manifiesto la actitud divina reiterada hacia el pueblo de Israel: Dios ha manifestado su lealtad al pueblo desde el período patriarcal hasta la llegada a Canaán. El Señor, según la teología del libro de Josué que se reitera en esta sección final, ha sido siempre fiel, pero el pueblo no ha actuado con el mismo sentido de lealtad al pacto. Y esa actitud de rebeldía e infidelidad, que son características del pueblo desde sus mismos comienzos históricos, deben superarse para poder vivir en paz y mantenerse en la Tierra Prometida. De acuerdo con el pacto, Dios está firmemente comprometido a proteger y bendecir al pueblo, a la medida que los israelitas manifiesten compromiso y fidelidad al pacto.

Una palabra teológica adicional

Las lecturas en torno al período de conquista de la Tierra Prometida deben ser estudiadas con suma cautela y mucho cuidado hoy en día. Referente a estas narraciones es menester entender que se escribieron desde una perspectiva teológica, para destacar el cumplimiento de las promesas divinas que se habían hecho a los patriarcas y matriarcas de Israel. La interpretación adecuada de estas narrativas debe tomar en consideración la naturaleza simbólica del lenguaje religioso y su propósito teológico.

Entender literalmente los relatos de la conquista de la Tierra Prometida nos presenta un desafío formidable, pues los cananeos que vivían esas tierras, según los relatos escriturales, fueron destruidos y aniquilados; en efecto, fueron ofrecidos ante Dios en sacrificio, como una ofrenda, fueron el *herem,* el anatema. Y una comprensión literal de estas hazañas riñe seriamente con el mensaje de Jesucristo, que se fundamente en el perdón y la misericordia, y destaca el diálogo, el respeto y la dignidad humana.

El estudio cuidadoso de estos pasajes de violencia en los libros de Josué y Jueces, y también en otras porciones de las Escrituras, debe comprender que la revelación bíblica llega a su punto culminante en la figura de Jesús de Nazaret. De acuerdo con los Evangelios, Jesús revisó seriamente las antiguas tradiciones del pueblo de Israel y las reinterpretó a la luz del mensaje del amor y el perdón. Para Jesús, la violencia no era el camino para la solución de los problemas.

La conquista de la Tierra Prometida es una narración que tiene el propósito de enfatizar que Dios es fiel a sus promesas, no es una especie de permiso para que la gente responda con violencia y hostilidad ante quienes se interponen en el camino del pueblo de Dios. Ni mucho menos debe servir de justificación para irrespetar los derechos humanos de personas y comunidades.

Estas narraciones son de vital importancia en diversas partes del mundo donde se utiliza la Biblia para justificar la violencia, particularmente en el Oriente Medio, donde en la actualidad se libran diversas batallas políticas y militares. En medio del conflicto palestino-israelí, en ocasiones, utilizan las Sagradas Escrituras para justificar agresiones y justificar políticas de opresión, hostilidad, discrimen y ocupación.

Referente a este tema, que es uno teológico, pero que a la vez tiene muy serias implicaciones políticas y sociales, es importante afirmar: no es la voluntad del Dios bíblico, que se caracteriza por la santidad y la justicia, discriminar diversos sectores de la sociedad. No fue, además, la intención de los escritores de las Sagradas Escrituras que se utilizaran sus libros para destruir comunidades y oprimir pueblos. No es adecuado ni pertinente, tanto desde la perspectiva exegética como desde la teológica, utilizar los textos bíblicos de la conquista de las tierras de Canaán para avanzar causas que manifiestan prejuicios, odios, discrímenes y resentimientos contra sectores minoritarios de la sociedad. Ni es espiritualmente sano usar las narraciones de la conquista para quitarle, en nombre de Dios o de la religión, las propiedades y tierras a ninguna comunidad del mundo.

3

✿ El libro de los Jueces

Aquel día cantó Débora con Barac hijo
de Abinoam, diciendo:
Por haberse puesto al frente los caudillos en Israel,
Por haberse ofrecido voluntariamente el pueblo,
Load a Jehová.
Oíd, reyes; escuchad, oh príncipes;
Yo cantaré a Jehová,
Cantaré salmos a Jehová, el Dios de Israel.

JUECES 5.1-3

El libro y su contenido

El libro de los Jueces prosigue las narraciones de la conquista de la Tierra Prometida, luego de la muerte de Josué (Jue 2.6-10), hasta la época de Samuel. Comprende los años que van desde el c. 1225 hasta un poco antes del 1030 a. C., cuando llega al poder en Israel su primer monarca, Saúl. Este singular período tiene gran importancia y significación teológica, entre otras razones, por la dicotomía entre las actitudes humanas y las respuestas divinas, y la frase «en el período de los jueces» (p. ej., 2 S 7.11; 2 R 23.22; Rt 1.1) se acuñó en las Sagradas Escrituras para recordar esta etapa histórica en la vida del pueblo.

El título de la obra se relaciona con las funciones que llevaban a efecto una serie de líderes del pueblo, que Dios mismo levantó para proseguir la ocupación de Canaán. Esos nuevos personajes recibieron el nombre de «jueces», aunque sus funciones no estaban limitadas a la administración de la justicia desde la particular perspectiva jurídica.

El sustantivo hebreo *sofetim,* que tradicionalmente se traduce en castellano como «jueces», así como el verbo *safat,* «juzgar», unen y añaden en este libro al significado general de implantación de la justicia, las ideas clave de «liberar a personas inocentes» y «restablecer una situación de injusticia». Inclusive, esas palabras hebreas transmiten los conceptos asociados a los verbos «guiar», «dirigir» y «gobernar».

Posiblemente, la idea original de las palabras en hebreo era la de gobernar o administrar el gobierno, pero como una de las responsabilidades fundamentales de los gobernantes era la administración equitativa de la justicia, esa idea fue la que prevaleció en la comprensión de la expresión «jueces». En efecto, más que funcionarios de las cortes de justicia, estos personajes eras héroes nacionales, guías políticos y líderes militares que guiaban a las tribus de Israel a superar alguna crisis o dificultad nacional.

Las narraciones en Jueces presentan las acciones heroicas de una serie de doce líderes de las tribus de Israel que les guiaron a triunfar sobre diversos tipos de desafíos y dificultades. Inclusive, en situaciones de gravedad extrema, cuando los enemigos del pueblo amenazaron la supervivencia nacional misma, de acuerdo con los relatos bíblicos Dios mismo levantaba entre ellos a algún libertador para que los condujera al triunfo (Jue 3.9).

El énfasis de las narraciones bíblicas es esencial y eminentemente teológico, pues destacan las intervenciones divinas en los procesos bélicos, aunque los jueces también manifiestan un claro carácter militar. Es el Espíritu del Señor la fuerza que guía a estos jueces a llevar a efecto una misión liberadora, en un contexto histórico y geográfico preciso y limitado. Los temas constantes en el recuento de estas hazañas son la manifestación continua de la misericordia divina y la actitud constante y repetitiva de ingratitud humana. De un lado, el pueblo mantenía su actitud de rebeldía y rechazo a la voluntad de Dios; y, del otro, el Señor mostraba su extraordinario amor al levantar líderes que ayudaran al pueblo a superar las crisis, conflictos, guerras y vicisitudes.

La tradición judía, que fue acogida por los padres de la iglesia, atribuyó la composición del libro a Samuel o a algún escriba de la corte de David. Esta percepción se desprende de las continuas referencias en la obra a la ausencia de un monarca en el pueblo (Jue 17.6; 18.1; 19.1; 21.25), y la alusión directa a que los jebuseos ocupaban aún la ciudad de Jerusalén (Jue 1.21).

El análisis científico de la obra revela, sin embargo, que posiblemente en el exilio o luego del exilio un redactor le dio forma final al libro de los Jueces, basado en la teología del libro de Deuteronomio. Algunas de las narraciones y de los poemas del libro son ciertamente arcaicos (p. ej., Jue 5.1-31; 9.8-15), y es probable que el material que se incluye proviniera tanto de las tribus del norte (Jue 3.12-9.57) como del sur (Jue 3.1-11; 10.6-12.7; 13.1-16.31). La fuerza teológica que mueve las narraciones es que la idolatría y apostasía del pueblo son las causas mayores de juicio y destrucción de la comunidad, mientras que la fidelidad al pacto es garantía de éxito y seguridad nacional.

Estructura literaria y temática

El libro de los Jueces puede dividirse en tres secciones mayores. En primer lugar, la obra incluye dos prólogos importantes, que ubican el libro en un contexto amplio desde la perspectiva histórica (Jue 1.1-2.5) y teológica (Jue 2.6-3.6). Prosigue la sección central y básica del libro, en la cual se presentan los doce jueces del pueblo y se describen sus hazañas a favor del pueblo (Jue 3.7-16.31). La obra finaliza con dos epílogos, que son como apéndices de acciones idolátricas del pueblo (Jue 17.1-18.31; 19.1-21.25).

La obra como un todo presenta una serie de narraciones que a primera vista no necesariamente muestran conexión, a no ser por los temas redentores y la repetición de una muy particular estructura literaria. En efecto, la lectura cuidadosa de los relatos pone de relieve un muy bien definido patrón temático que no puede obviarse, y que puede muy bien resumirse en cuatro etapas básicas: las primeras dos son la fidelidad e infidelidad del pueblo, a las que siguen el enojo y juicio divino y el posterior arrepentimiento del pueblo. En medio de esa gran estructura, se presentan los diversos episodios de los jueces de las tribus de Israel.

- Fidelidad del pueblo: en esta etapa el pueblo se mantiene fiel al pacto y muestra lealtad a los mandamientos divinos bajo el liderato de alguno de los jueces de Israel. Esos períodos son descritos como tiempos de paz, abundancia, seguridad y prosperidad nacional (Jue 3.11, 30; 5.31; 8.28).
- Infidelidad del pueblo: generalmente, luego de la muerte de ese juez que trajo paz y seguridad al pueblo, prosigue una

nueva etapa de rebeldía nacional, en la cual el pueblo vuelve a desobedecer los estatutos de Dios y van tras los dioses de las naciones vecinas, que es visto en las Escrituras como un serio atentado contra la autoridad divina en el pueblo (Jue 2.12-13; 3.7; 10.6).

- Enojo divino: esas acciones del pueblo suscitan la ira de Dios, que los entrega en manos de sus enemigos (Jue 2.14, 20-21; 3.8; 4.2; 10.7). Se destacan en estas narraciones que el comportamiento humano tiene consecuencias en las acciones de Dios hacia el pueblo. La obediencia genera bendición; y la rebeldía, juicio y castigo.

- Arrepentimiento del pueblo: el juicio divino, que se manifestaba a través de la opresión de sus enemigos, incentivaba en el pueblo un sentido de arrepentimiento, que, a su vez, generaban súplicas por auxilio y liberación (Jue 3.9, 15; 4.3; 6.6). Esas súplicas movían la misericordia de Dios, que les levantaba otro juez que sirviera de libertador del pueblo. El pueblo de esta forma recupera su libertad y seguridad, y goza de cuarenta años de prosperidad y paz (véase Jue 3.30). Y una vez fallece el juez que implantó la paz en el pueblo, comienza nuevamente el mismo ciclo de fidelidad, infidelidad, enojo divino y arrepentimiento humano.

Los dos prólogos del libro (Jue 1.1-2.5; 2.6-3.6) ubican al lector y lectora en el contexto histórico y teológico adecuado de la obra. Se trata de la vida de las tribus de Israel, luego de la muerte de Josué. Como factor de gran importancia temática y teológica del libro se indica, además, que la nueva generación de israelitas que sucedió al grupo que llegó con Josué a Canaán no conocía al Señor ni sabía lo que Dios había hecho por el pueblo (Jue 2.10-11). En efecto, se indica claramente que ese nuevo grupo hicieron lo que le desagradaba al Señor y sirvieron a las divinidades cananeas.

Al comienzo mismo de la obra se pone en evidencia clara el contexto negativo de las actitudes del pueblo. Las nuevas generaciones decidieron no continuar con el pacto que Dios había entablado con el pueblo en el monte Sinaí, y nuevamente actuaron de forma rebelde ante las revelaciones divinas. De esta forma se contraponen las generaciones de Josué y la de los Jueces: con excepción a la actitud de Acán, el pueblo bajo el liderato de Josué fue fiel al pacto; ese, sin embargo, no era el caso de las nuevas generaciones en el libro de los Jueces.

Las dos secciones finales de la obra presentan algunos incidentes adicionales de las actitudes rebeldes del pueblo, particularmente en la tribu de Dan. El propósito es presentar el estado de desorganización y anarquía del pueblo (Jue 17.6; 18.1; 19.1; 21.25), antes del comienzo de la institución de la monarquía en Israel. El propósito de estos capítulos no es continuar las narraciones de crisis y héroes del pueblo, sino comenzar la transición hacia una nueva forma de gobierno centralizado.

El primer relato presenta la fundación del santuario de Dan (Jue 17.1-18.31), luego que esta tribu emigrara al norte para ubicarse cerca del nacimiento del río Jordán. En el camino, según la narración, tomaron algunos objetos de culto e imágenes que en las tradiciones bíblicas son descritos como idolátricos y, por consiguiente, absolutamente rechazados.

El segundo epílogo (Jue 19.1-21.25) presenta el grado óptimo de la crisis nacional, pues se manifiestan guerras entre las diferentes tribus de Israel. Estos episodios se relacionan directamente con los acontecimientos en torno al delito cometido contra la esposa o «concubina» de un levita de Gabaa, que casi termina con la destrucción de la tribu de Benjamín. Este relato presenta el colmo de la anarquía del pueblo de Israel: los conflictos internos y hasta la guerra.

Los jueces

Las narraciones bíblicas no nos permiten identificar con precisión un patrón común entre estos jueces del pueblo. Presentan, sin embargo, algunas características y detalles que brindan a estos personajes cierto sentido de individualidad. En efecto, en el análisis del libro se pueden detectar dos tipos de líderes. De algunos solo poseemos detalles minúsculos, y son conocidos como «jueces menores»; de otros, sin embargo, tenemos mucha más información para nuestro estudio y evaluación, y son identificados como «jueces mayores».

Entre las características principales de estos líderes se pueden enumerar las siguientes: eran elegidos y comisionados por Dios para llevar a efecto una encomienda específica (véase, p. ej., Jue 3.9; 3.15; 4.6; 6.11-24); recibían, además, una manifestación especial del Espíritu de Dios para llevar a efecto esas labores redentoras (Jue 6.23; 11.29; 14.6, 19; 15.14); y el propósito fundamental y prioritario de estos llamados y encomiendas era liberar y reivindicar al pueblo de alguna opresión nacional o amenaza enemiga.

Estos jueces del pueblo, en efecto, implantaban la justicia a medida que luchaban contra las causas de la opresión y contra los grupos enemigos, pues la finalidad era restituir y reivindicar los derechos del pueblo. En tiempos de paz, sin embargo, estos personajes también podían servir de jueces, desde la perspectiva jurídica tradicional del término (Jue 10.2-3; 12.7-11).

El estudio detallado de las labores de estos personajes descubre que no fueron jefes mayores entre las tribus ni legisladores nacionales. Solo eran líderes carismáticos locales que fueron llamados por Dios para cumplir una tarea específica y concreta entre las antiguas tribus de Israel. En un período donde no se habían desarrollado aún estructuras administrativas efectivas, estos jueces eran fuente de unión temporera entre los diversos grupos de israelitas que luchaban tenazmente por conquistar o mantenerse en las tierras de Canaán. Solo Samuel, que es una figura singular y cimera al final de este período, tuvo una tarea de juez y líder nacional que fue, a la vez, extensa y significativa.

Aunque algunos de ellos no actuaron de forma adecuada en los momentos necesarios, la tradición judía y bíblica los ha considerado como buenos modelos de fidelidad ante Dios (Heb 11.32). Se indica de ellos, inclusive, que sus corazones «no se prostituyeron» (Si 46.11-12), pues en su gran mayoría decidieron obedecer la revelación divina y cumplir cabalmente con sus labores redentoras en el pueblo.

Lista de los jueces

Juez	Tribu	Grupo opresor	Años de crisis/paz
Otoniel	Judá	Arameos	8/40
Aod	Benjamín	Moabitas	18/80
Samgar	Hijo de Anat	Filisteos	
Barac y Débora	Neftalí	Cananeos	20/40
Gedeón	Manasés	Madianitas	7/40
Tola	Isacar		/23
Jair	Manasés		/22
Jefté	Manasés o Gad	Amonitas	18/6
Ibzán	Belén (Zabulón)		/7
Elón	Zabulón		/10
Abdón	Efraín		/8
Sansón	Dan	Filisteos	40/20

Jueces mayores

Entre los jueces mayores podemos identificar seis, aunque la extensión de las narraciones e importancia histórica varía. Los primeros dos, Otoniel (Jue 3.7-11) y Aod (Jue 3.12-20), liberan a las tribus de Israel de la opresión del rey mesopotámico de Cusan-risataim y del rey de Moab, Eglón, respectivamente. En estos relatos comienza a manifestarse la singular estructura temática y literaria del libro. Las referencias a la intervención del Espíritu (Jos 3.10; 6.34; 11.29; 14.6, 19; 15.14),enfatizan las transformaciones divinas de personas comunes, que se convierten en personajes distinguidos y héroes del pueblo.

Las narraciones relacionadas con Barac (Jue 4.1-5.31) presentan la acción bélica de más envergadura e importancia en el período de los jueces. Y el recuerdo de este extraordinario triunfo se preservó en la memoria nacional en dos formas literarias, una en narración y la otra en poesía. Cada expresión contribuye significativamente a la comprensión del evento.

Débora era una jueza y profetisa que fue movida por el Espíritu de Dios a convencer a Barac, de la tribu de Benjamín, a luchar contra los cananeos. El rey cananeo era Jabín, que gobernaba desde Hazor, y su general era Sísara, que poseía un ejército poderoso con carros de guerra. El triunfo de los israelitas fue contundente en las llanuras de Meguido.

Esa victoria es también recordada y celebrada en el llamado «Cántico de Débora y Barac» (Jue 5.1-31), que constituye uno de los poemas más antiguos e importantes de las Sagradas Escrituras. La importancia de este pasaje, no solo para el análisis bíblico sino para la literatura universal, se relaciona principalmente con la fuerza y claridad de sus expresiones y con el esplendor de sus imágenes. En ocasiones, la antigüedad del poema dificulta su traducción y comprensión, pero la idea general del triunfo se pone de manifiesto con claridad.

El cuarto juez de importancia en este período es Gedeón (Jue 6.1-8.35). La narración ubica la vocación liberadora de Gedeón, en el contexto de la opresión de los madianitas. El relato de estos triunfos del pueblo de Israel incluye una serie importantes de experiencias milagrosas que destacan el poder divino en las dinámicas de las victorias nacionales y en el disfrute de la paz y la seguridad del pueblo.

Las manifestaciones o confirmaciones milagrosas relacionadas con las hazañas de Gedeón son las siguientes: la doble corroboración y confirmación divina relacionada con el vellón de lana en la era (Jue 6.36-40), la elección de solo trescientos soldados para lograr el triunfo (Jue 7.1-8) y el sueño predictivo del madianita (Jue 7.13-14). Y en ese contexto general de milagros y triunfos se manifiesta el primer esfuerzo en el pueblo de Israel de establecer una monarquía con el hijo de Gedeón, Abimelec (Jue 9.1-57). Inclusive, Abimelec reinó por algún tiempo en Siquem, pero su esfuerzo culminó en fracaso.

Jefté es el quinto juez mayor de acuerdo con las narraciones del libro de los Jueces (Jue 10.6-12.15). En esta ocasión la lucha de liberación es contra los amonitas. Aunque los relatos incluyen algunos episodios bélicos, el énfasis está en los esfuerzos diplomáticos que se llevaron a efecto. Y es en ese singular contexto de diálogos y negociaciones que Jefté hace el inaudito voto de sacrificar a la primera persona que saliera de las puertas de su casa si alcanzaba la victoria. ¡Quien sale es su hija!

Las acciones de Jefté son abiertamente censuradas en las Escrituras, tanto en la Ley (Dt 12.31; 18.10) como en el mensaje de los profetas (Jer 7.31; Ez 16.21). Sin embargo, es importante notar que si se reprocha en la Biblia es que se practicaba de alguna forma en el pueblo. Jefté, que era producto de una seria crisis familiar, había llevado un estilo de vida aventurero y poco piadoso. Su elección como juez, desde la perspectiva teológica, pone claramente en evidencia que la salvación del pueblo depende únicamente de Dios, no de sus líderes.

Las narraciones en torno a Sansón (Jue 13.1-16.31) constituyen un material especial en el libro de los Jueces. Proveniente de la tribu de Dan, Sansón es un modelo de héroe nacional que tiene características diferentes al resto de los jueces de Israel, pues no ejerció funciones administrativas o gubernamentales, ni fue general de ningún ejército.

En efecto, los relatos que describen sus actos son más bien de carácter individual, y no tienen grandes repercusiones en nivel nacional entre las tribus. La popularidad de Sansón se puede relacionar con su gran fuerza y también con su firme determinación de vencer a los enemigos de su pueblo.

La labor de juez de nuestro personaje, de acuerdo con el libro, se relaciona con las batallas que libró Sansón contra los filisteos, que habían llegado a las costas de Canaán y de manera paulatina adquirieron poder político y militar, posiblemente por la tecnología militar que habían desarrollado: construían sus armamentos en hierro y poseían carros de guerra. Estos relatos bíblicos ponen de manifiesto el poder bélico que ostentaban los filisteos en la época de los jueces.

Las narraciones en torno a la vida y hazañas de Sansón incluyen varios temas de importancia teológica: su nacimiento milagroso y sus votos de nazareo desde antes de nacer (Jue 13.1-25);

sus victorias sobre los ejércitos filisteos, fundamentadas en su fuerza extraordinaria, que provenía de su compromiso y dedicación a Dios (Jos 15.9-20); el episodio con Dalila (Jue 16.4-22), por el cual es finalmente apresado; y su acto heroico final, al dar la vida a favor de su pueblo (Jue 16.23-31).

Tanto los episodios relacionados con Sansón como las narraciones en torno al resto de los jueces ponen claramente de relieve que, a pesar de las continuas infidelidades y rebeliones del pueblo, el Señor mantuvo su firme compromiso de bendecirles. Se manifiesta de forma continua en estos relatos el deseo divino de cumplir sus antiguas promesas al llevar y mantener al pueblo en las tierras de Canaán. En efecto, el tema teológico subyacente en el libro afirma la importancia de la fidelidad de Dios.

Jueces menores

Los relatos de los llamados jueces menores de Israel se incluyen esencialmente en dos bloques narrativos básicos en el libro (Jue 10.1-5; 12.8-15), con la sola excepción de las hazañas de Samgar (Jue 3.31), de quien se indica que mató a 600 filisteos con una aguijada de bueyes, que es la vara con punta de metal que sirve para hacer andar a esos animales de trabajo. Aunque el propósito de estas narraciones es similar al resto de los jueces del pueblo, estos episodios son breves y concisos, sin mucho lustre literario o teológico.

En referencia a estos personajes, el libro de los Jueces presenta de forma condensada una genealogía. Se presentan sus actividades redentoras en el pueblo, se alude a la región en donde llevaron a efecto sus labores y, finalmente, se indica el lugar de sus sepulturas. Y en torno a Jair, Ibzán y Abdón se añade algún detalle familiar, como sus hijos o nietos, y se incorporan referencias breves a sus labores en el pueblo. Con la posible excepción de Samgar, el resto de los jueces menores cumple generalmente labores regulares de magistrados en sus comunidades; no son descritos como libertadores nacionales.

La presencia de Samgar en esta lista de jueces del pueblo de Israel es de singular importancia histórica y teológica. Su nombre delata un origen no israelita; además, la referencia clara y directa a que era hijo de Anat, que era una muy conocida diosa ugarítica, pone de relieve su origen pagano y su educación politeísta. El cántico de Débora también alude a Samgar en referencia a Jael, que tampoco provenía de familias israelitas (Jue 5.6).

La teología del libro

El libro de los Jueces presenta una narración de la historia de Israel en el período de conquista y asentamiento en las tierras de Canaán, luego de la muerte de Moisés y Josué. Sin embargo, su finalidad no es puramente histórica, sino teológica. Los relatos de las hazañas de los jueces presentan dos valores teológicos fundamentales: la infidelidad continua del pueblo y las repetidas manifestaciones de la misericordia y lealtad de Dios. Y entre esos dos polos teológicos se articula una teología de la historia que enfatiza el tema de la lealtad al pacto como valor indispensable para el éxito en la empresa de la conquista y permanencia en la Tierra Prometida.

Desde sus prólogos, el libro de Jueces presenta una descripción realista de la llegada de las tribus a Canaán, y complementa los relatos que se incluyen en el libro de Josué. Una vez se describe la realidad del pueblo a la muerte de Josué, se presentan los resultados diversos de las incursiones en los nuevos territorios. Por ejemplo, en el sur las tribus lograron triunfos significativos en las montañas (Judá y Simeón), pero no en las llanuras; y la tribu de Benjamín no logró conquistar Jerusalén. Por el centro, algunas ciudades importantes cananeas no fueron conquistadas por Efraín y Manasés (p. ej., Meguido, Taanac, Dor, Ibleam, Bet-seán y Gezer). En el norte la experiencia fue mixta, con algunos triunfos y otros fracasos.

Esos detalles históricos le brindan al libro el fundamento para elaborar su teología, que se expone en el ciclo literario de rebeldía e infidelidad humana, enojo y juicio divino, arrepentimiento del pueblo y liberación de Dios. Y en ese ciclo repetitivo de actitudes humanas impropias se manifiesta con firmeza el compromiso divino de cumplir sus promesas al pueblo de Israel.

La palabra final de la obra es destacar que ante esas constantes actitudes humanas de infidelidad ante Dios se necesitaba una nueva forma de gobierno. La gran crítica es que cada persona hacía lo que le parecía bien (Jue 21.25), que es una manera de poner de manifiesto la anarquía nacional que se vivía en el pueblo. Y en ese singular contexto se introduce el tema de la monarquía, que va a ser de fundamental importancia histórica y teológica, no solo en los libros que prosiguen, Samuel y Reyes, sino en el resto de las Sagradas Escrituras.

4

❋ El libro de Rut

*Respondió Rut: No me ruegues que te deje, y me
aparte de ti; porque a dondequiera que tú fueres,
iré yo, y dondequiera que vivieres, viviré.
Tu pueblo será mi pueblo, y tu Dios mi Dios.
Donde tú murieres, moriré yo, y allí seré sepultada;
así me haga Jehová, y aun me añada, que sólo la
muerte hará separación entre nosotras dos.*

RUT 1.16-17

El libro

El libro de Rut, una de las obras maestras de la narrativa hebrea, presenta la historia de una familia que se muda de Belén (Rut 1.1-5), en medio de una seria crisis económica, hasta llegar a las tierras de Moab, para posteriormente regresar a Belén luego de la muerte del esposo y el suegro de nuestra protagonista. La obra consta de solo cuatro capítulos, en los que se relatan algunos episodios de la vida de Rut, mujer moabita que con su testimonio de lealtad y fe se ganó un espacio importante en la historia del pueblo de Israel; específicamente, obtuvo un sitial de honor en la genealogía de uno de sus líderes más famosos, el rey David.

El libro presenta por lo menos cuatro escenas en las que se ponen claramente de manifiesto varios temas teológicos con implicaciones éticas, entre los que se encuentran la lealtad humana y la providencia divina. El primer tema se explora en el viaje de regreso de Noemí, cuando Rut decide acompañarla a Belén; y el segundo se relaciona con el trabajo de Rut en el campo y con la promesa de matrimonio de Booz a Rut, con la aprobación de los ancianos del pueblo, que representaban la autoridad moral y legal de la comunidad.

La familia de Noemí la componen Elimelec y sus dos hijos, Mahlón y Quelión, quienes, según el testimonio bíblico, mueren en Moab. En la narración se indica que sus hijos, al fallecer, ya se habían casado con mujeres moabitas, Orfa y Rut. En efecto, es el drama de una familia multicultural que debe enfrentar las diversas crisis de la existencia humana y la vida con sabiduría, valor, tesón e inteligencia.

Con la muerte de su esposo e hijos, Noemí decide regresar a Belén, a su hogar de origen con sus familiares. Y es en ese singular contexto del regreso a su patria que Rut pone de manifiesto óptimo el valor de la lealtad y la fidelidad, al arriesgar su vida, su bienestar y su futuro con la decisión de acompañar a su suegra de regreso a Belén. Esa decisión podía significar una vida llena de soledad, fragilidad, precariedad y pobreza, lejos de su familia inmediata y su comunidad.

Rut, según los relatos bíblicos, al regresar a Belén trabaja en los campos de Noemí (Rut 2.11), en donde llega a conocer a Booz, un pariente lejano de la suegra que, al conocer sus acciones de amor, fidelidad y compromiso, no solo la distingue y afirma, sino que la trata muy bien y le ofrece matrimonio para cumplir la antigua ley bíblica del rescate. Otro familiar cercano de Noemí previamente había cedido a su derecho legal de comprar su campo y rescatarla de la pobreza.

El libro finaliza de manera feliz: Booz compra el campo de Noemí y se casa con Rut, que era la manera legal de superar la crisis fiscal y social de la familia. Del matrimonio de Booz y Rut nace Obed, que es uno de los antepasados de David (véase Rut 4.18-22; 1 Cr 2.5-15).

El estudio sobrio, sistemático y sosegado del libro pone en evidencia clara una obra de gran virtud literaria, belleza estética, valor sicológico y poder espiritual. El estilo que manifiesta el relato, por ejemplo, con sus paralelismos temáticos y sus juegos de palabras, revela gran cautela, fineza y esmero en la redacción de los temas expuestos y en la edición del libro. Inclusive, los nombres de los personajes tienen una función significativa en las narraciones: Elimelec significa «mi Dios es rey»; Noemí, «graciosa»; Rut, «amiga» o «compañera»; Booz, «fuerza»; Mara, «amargura»; y Obed, «siervo».

En efecto, los nombres de los personajes de la obra ponen claramente de relieve varios significados y algunos valores importantes del libro de Rut, que no deben obviarse en el análisis de los temas expuestos y los asuntos ponderados. El libro, con su mensaje firme y claro de superación de la crisis, además transmite un gran sentido de seguridad, tenacidad y esperanza, valores necesarios e indispensables para la salud mental, social y espiritual.

Desde la perspectiva del género literario del libro, posiblemente Rut es un tipo de novela histórica, escrita, entre otros propósitos, para destacar las vicisitudes familiares y personales de la familia de David, el famoso rey de Israel. Es una especie de historia de la salvación en la que se ponen de relieve las intervenciones redentoras de Dios en medio de las dinámicas humanas; la obra firma, en efecto, la providencia divina en la cotidianidad. Además, es una manera de presentar una imagen más sobria y responsable de la relación de los israelitas con los pueblos extranjeros, que en este caso es Moab, con el cual tenían, tradicionalmente, una relación de hostilidad y enemistad.

El libro de Rut es corto, y el título se asocia con el personaje más importante de los relatos. El significado del nombre puede relacionarse con dos raíces hebreas: de acuerdo con la raíz *r't*, significaría «amiga» o «compañera». Pero si el nombre se relaciona con *rwh*, entonces sería «saciar» o «aliviar», que transmite la idea de alguien que apoya o alivia. De ambas formas el nombre mismo de la protagonista de la obra pone en evidencia clara las ideas de compromiso, solidaridad, fidelidad, amor, compañerismo, lealtad, amistad...

En el canon hebreo el libro de Rut se coloca, generalmente, entre los Proverbios y el Cantar de los Cantares; además, es el segundo entre los libros conocidos como *megilot*, o los rollos, que se leen en relación a las diferentes fiestas judías. En el caso específico del libro de Rut, su lectura se hace durante la celebración de la fiesta de Pentecostés.

Posiblemente esa relación entre el libro de Rut y la fiesta Pentecostés se basa en que las narraciones del libro se ubican en el entorno de las cosechas (Rut 1.11; 2.23). Sin embargo, algunos estudiosos piensan que esa asociación se debe primordial y fundamentalmente a que esa festividad celebra también la entrega de la Ley al pueblo de Israel, y el libro de Rut pone de manifiesto la importancia de la Ley mosaica para los pueblos extranjeros, como es el singular caso de los moabitas, representados por Rut.

El libro aparece en el canon cristiano entre el libro de los Jueces y los de Samuel, como también aparece en la Septuaginta (LXX) y la Vulgata latina. Quizá este lugar en el canon tiene que ver específicamente con los temas expuestos y específicamente con el contexto histórico que reclama el libro, pues las narraciones se ubican en el tiempo de los jueces en la historia del pueblo de Israel.

La identificación precisa de la fecha de composición del libro no es fácil. Tampoco es sencilla la identificación específica del autor o los autores. Aunque la trama del libro se ubica en el período de los jueces, la teología y las palabras arameas que aparecen en la obra parecen apuntar hacia la época exílica o quizá mejor los tiempos postexílicos. Los temas de los relatos pueden provenir de la época monárquica que, posteriormente, luego del exilio, se editaron de forma paulatina de manera final, para responder a las necesidades teológicas y espirituales de la comunidad que regresó de Babilonia o que se había quedado en Jerusalén durante el período de la deportación.

De singular importancia en el análisis de las posibles fechas de composición es la identificación de la teología universal de retribución, que era característica luego del exilio en Babilonia. Posiblemente este pequeño libro es una manifestación teológica que se contrapone firmemente a las políticas y filosofías en contra de los matrimonios con personas extranjeras, los llamados «matrimonios mixtos» (véase Esd 9; Neh 13). En este sentido, Rut desarrolla su teología en la tradición del libro de Jonás, que brinda espacio para que las personas no judías reciban el perdón, la misericordia y el amor del Señor.

De acuerdo con el Talmud, el autor del libro de Rut es Samuel, el famoso líder de Israel. En la actualidad, sin embargo, fundamentados en análisis más sobrios, científicos y sistemáticos de la obra, se piensa que proviene de algún autor anónimo de la época postexílica. Quizá ese autor desconocido es parte de la «escuela» que generó pensamientos alternativos a la teología tradicional de la retribución y a las actitudes exclusivistas de algunos sectores nacionalistas del pueblo luego del exilio.

El texto hebreo del libro se ha mantenido bien preservado a través de los siglos, como se pone en evidencia al comparar los manuscritos masoréticos con los documentos descubiertos en Qumrán.

Las leyes de rescate y levirato

Para tener una comprensión adecuada y amplia del mensaje del libro de Rut hay que analizar y comprender algunas prescripciones jurídicas y varios detalles específicos de las leyes mosaicas. De singular importancia en los relatos de Rut son las leyes relacionadas con el tema del rescate, y las que se asocian con el levirato. Estas estipulaciones son el marco de referencia legal que presupone la narración del libro de Rut.

La primera ley, la del rescate (véase Lv 25.23-55), pertenece al ámbito general de compra y venta de propiedades. El objetivo específico era asegurar la estabilidad social y económica de las familias, especialmente en tiempos de crisis y dificultad, como los que se describen en el libro de Rut. La segunda ley, la del levirato (Lv 25.5-10), se yuxtapone a la primera en los relatos, y tiene que ver con los derechos matrimoniales que garantizan el bienestar, la salud integral y el futuro de alguna viuda y su familia.

Esas dos leyes están íntimamente relacionadas con la figura del rescatador o redentor (en hebreo, *goel*), que tiene la responsabilidad seria de ayudar, apoyar, rescatar y salvar a algún familiar que haya caído en desgracia por alguna crisis personal, familiar o nacional, o sencillamente por la muerte. El caso de Noemí es el resultado de las desgracias físicas causadas por las dificultades económicas y la crisis de pérdida al morir su esposo e hijos.

El propósito fundamental de estas leyes era proteger el patrimonio al impedir que los bienes familiares y nacionales pasaran a manos de personas extranjeras. Y, en el caso específico de las narraciones del libro de Rut, Booz cumplió adecuada y responsablemente con sus responsabilidades de redentor familiar al casarse con Rut y también comprar el campo de Elimelec y Noemí. Otro familiar cercano a Noemí, de acuerdo con el relato bíblico, ya había decidido no cumplir con esas responsabilidades (Rut 3.12; 4.6). El acto redentor de Booz sacó a Noemí de la crisis económica y social en la que estaba inmersa por sus desgracias personales y familiares.

De singular importancia en la narración es la relación íntima que se manifiesta entre la ley del rescate, que se asocia directamente con las propiedades, y el matrimonio con Rut. Quizá esta dinámica pone de manifiesto la percepción antigua que se tenía de las mujeres, que eran parte de las propiedades de algún varón, sea el esposo, el padre o algún hermano. Algunos estudiosos piensan, en contraposición a esa idea, que la decisión de Booz de casarse con Rut estaba fundamentada en un deber moral y ético. Otros eruditos indican, en torno a este mismo tema, que la ley del levirato (que proviene del hebreo *levir*, que significa cuñado) es la actualización familiar de la ley del rescate.

En cualquier caso, en las narraciones del libro de Rut ambas acciones legales están íntimamente relacionadas, y el propósito principal es la redención económica de la familia de Noemí y la restauración personal de Rut.

Teología

Como en la Biblia en general, la teología que se desprende del libro de Rut no es sistemática. Las diversas perspectivas teológicas y enseñanzas éticas de la obra se manifiestan con fuerza en las narraciones y en las acciones de sus personajes. Los temas se mueven de la tristeza al contentamiento, del desamparo a la esperanza, de la escasez a la abundancia... Y de singular importancia en ese análisis teológico están la genealogía de David, el valor y la importancia de la vida familiar, y la manifestación de la providencia divina.

El primer valor teológico del libro se relaciona con la providencia divina que se manifiesta de forma natural en medio de la historia, y en el caso del libro de Rut esa acción se revela en lo cotidiano y diario de la existencia humana. En efecto, las manifestaciones concretas del amor y la misericordia del Dios de Israel están presentes en las dinámicas continuas de los individuos y las familias. Es una manera de revelación divina indirecta, sobria, solapada, íntima y callada, pero real, perceptible, continua, grata y efectiva. En el libro de Rut no hay milagros, teofanías maravillosas o manifestaciones espectaculares de Dios, solo revelaciones concretas de amor y salud cuando se alienta la esperanza y se afirma la lealtad.

La providencia divina se revela en las expresiones y las acciones de Noemí (Rut 1.6), en la concepción y fidelidad de Rut (Rut 4.6) y también en la protección y el bienestar de las vidas de Noemí y Rut, que en la literatura bíblica representan, como viudas, a los sectores marginados y necesitados de la sociedad (Dt 10.18-19; Mal 3.5). Y esa misma providencia divina se pone claramente de relieve en las continuas bendiciones que se incluyen en el libro.

Estas bendiciones son esencialmente invocaciones a Dios para que manifieste espontánea y libremente sus bondades, sus misericordias, su poder y su amor a las personas. Por esa razón Noemí bendice a sus nueras (Rut 1.8) y Booz bendice a Rut (Rut 2.12; 3.10); Noemí también bendice a Booz (Rut 2.19-20) y la comunidad bendice a Booz y a Rut (Rut 4.11-12); y finalmente las mujeres bendicen a Noemí (4.14-15). El objetivo teológico de estas bendiciones es que Dios manifieste su voluntad en las personas bendecidas.Un segundo componente teológico del libro se relaciona con las bendiciones de la vida familiar. Para Dios, de acuerdo con las narraciones de Rut, la familia es un entorno fundamental para las manifestaciones gratas del poder y el amor divino. Es en este contexto familiar que se presentan las buenas acciones de Abimelec, Noemí y Rut; y en ese mismo marco de referencia es que se ponen de manifiesto las bendiciones y las manifestaciones de la providencia divina.

Los importantes valores de lealtad, fidelidad, amor, misericordia y piedad tienen en el libro de Rut espacios importantes en las dinámicas familiares. Tanto Rut como Booz son descritos en la obra como personas de gran nobleza humana y virtud espiritual, pues sus decisiones y acciones no son motivadas por algún instinto momentáneo superficial sino por un sentido hondo del deber, que se fundamenta en la fidelidad a las leyes de Dios.

Rut, de acuerdo con las narraciones del libro, es un magnífico ejemplo de alguien que decide dejar su infraestructura familiar inmediata para seguir y apoyar a su suegra. En efecto, su vida es la encarnación de la mujer virtuosa descrita en el libro de los Proverbios (Prov 31.10-31). Y la expresión de Booz en torno a que dejó su familia y sus tierras (Rut 2.11) la ubica en la extraordinaria tradición de los patriarcas y matriarcas de Israel (Gn 12.1), que también decidieron dejar sus contextos familiares para responder positivamente a la voluntad de Dios y proyectarse al futuro con seguridad y fe. Inclusive, en la bienvenida que recibe en la ciudad de Belén la relacionan con Raquel y Lea (Rut 4.11), que la asocia nuevamente a las narraciones de gran importancia histórica y teológica en las Sagradas Escrituras.

En el libro, Rut es una mujer de gran virtud, sobria, sabia, inteligente, decidida, firme, fiel, discreta y heroica. Las narraciones en torno a su vida son demostraciones claras de las complejidades y contradicciones de la vida. La teología de la obra pone de manifiesto a una mujer extraordinaria que supera las expectativas culturales y religiosas de su época para demostrar que la fidelidad y el amor son valores que emanan del compromiso con la ley divina.

Un tercer valor teológico de importancia en la obra se relaciona con el rey David. En la genealogía del famoso monarca de Israel se incluye a Rut, una mujer extranjera, y no solo extranjera, sino moabita, un pueblo tradicionalmente enemigo de los israelitas. Desde esta perspectiva canónica, la providencia divina, de acuerdo con las narraciones de Rut, llegaba también a los extranjeros que demostraran lealtad a la Ley y a las costumbres de Israel.

Algunos estudiosos, inclusive, han sugerido que la finalidad teológica principal del libro es presentar la genealogía de David y destacar la presencia de sangre moabita entre sus antepasados. Era una forma didáctica de rechazar el exclusivismo religioso y étnico del pueblo, particularmente luego del exilio, específicamente en la época de Esdras y Nehemías.

5

❀ Los libros de Samuel

Ve y acuéstate; y si te llamare, dirás: Habla,
Jehová, porque tu siervo oye. Así se fue Samuel,
y se acostó en su lugar.
Y vino Jehová y se paró, y llamó como las otras
veces: ¡Samuel, Samuel! Entonces Samuel dijo:
Habla, porque tu siervo oye.
Y Jehová dijo a Samuel: He aquí haré yo
una cosa en Israel, que a quien la oyere,
le retiñirán ambos oídos.

1 SAMUEL 3.9-11

Los libros de Samuel

Los dos libros relacionados con Samuel presentan la historia del pueblo de Israel en un período extremadamente crítico y fundamental: la transición entre el tiempo de los jueces y el inicio de la institución de la monarquía. Fueron momentos de cambios radicales y de transiciones políticas intensas, en los cuales la dirección nacional se movió de una confederación o reunión de tribus, que respondían a algún problema o desafío político y militar en común, a un tipo de gobierno nacional centralizado. Y esos cambios tenían unas muy serias y complejas repercusiones políticas, sociales y espirituales.

El entorno histórico de esas narraciones se relaciona directamente con el último de los jueces de Israel, Samuel, y también con los primeros tres reyes del pueblo, Saúl, David y Salomón. Fueron años de grandes desafíos existenciales para el pueblo, pues los filisteos constituían una amenaza militar formidable que con la infraestructura política y administrativa de los jueces no podían enfrentarlos con posibilidades de triunfo. Y en ese gran marco de posibilidad absoluta de derrota y exterminio nacional surge la institución de la monarquía que, aunque responde, en efecto, a las necesidades de organización internas, llega con algunas críticas de importancia desde sus mismos comienzos.

La implantación y el desarrollo de la nueva forma de gobierno entre las antiguas tribus de Israel pudo, finalmente, neutralizar y derrotar a los agresivos y poderosos ejércitos filisteos; sin embargo, los diversos costos de la monarquía fueron muy altos. Las tribus fueron perdiendo su poder de forma gradual pero continua, y el mantener toda la nueva infraestructura política y militar nacional requirió la implantación de un sistema de impuestos onerosos, que gravó adversamente al pueblo, particularmente a las tribus del norte. Además, el rey era una figura de gran autoridad y poder terrenal en medio de un pueblo que afirmaba que solo Dios era su monarca absoluto y único.

En efecto, los reyes de Israel crearon un tipo de gobierno centralizado que fue adquiriendo poderes paulatinamente a expensas de las libertades de los individuos y de las tribus. Y como muchos de esos poderes civiles y derechos humanos estaban fundamentados en la revelación divina en el monte Sinaí, no faltaron las críticas proféticas a los monarcas, que debían sujetarse a la voluntad de Dios, que era el rey por excelencia del pueblo y de sus líderes.

Las narraciones que se incluyen en los libros de Samuel deben ubicarse entre los años c. 1050 y 970 a. C. Ese fue un particular período de calma internacional y también de desafíos locales. Por sus luchas internas, Egipto estaba debilitado y era incapaz de comenzar algún programa expansionista en Canaán. Asiria, aunque mantenía cierto poder y hegemonía en la región, debía estar alerta ante los continuos avances imperialistas de Babilonia. Y los hititas, luego de los acuerdos de paz con Ramsés II (1280 a. C.), se habían retirado a Capadocia y Siria.

Ese vacío de poder y relativa calma internacional propició las serias amenazas del pueblo filisteo contra los israelitas. Los primeros contaban con un equipo bélico sofisticado y efectivo, mientras que los israelitas no poseían una buena organización interna ni infraestructura militar para responder con efectividad a esas amenazas y crisis. También desafiaban regularmente la paz de los israelitas otros grupos: por ejemplo, los amalecitas, que tradicionalmente merodeaban el Sinaí, el Neguev y Transjordania; y los amonitas, moabitas e idumeos (1 S 14.47-48; 2 S 8), que en ocasiones se presentaban como pueblos hostiles en la región.

Autor, título, texto y estructura

Las tradiciones rabínicas antiguas afirman que el último juez de Israel fue el autor de los libros de Samuel, que llevan su nombre. Y que las referencias posteriores a su muerte fueron redactadas finalmente por los profetas Natán y Gad. El estudio detallado de la obra, sin embargo, identifica diversas etapas en el proceso de redacción, que incluye una gran influencia deuteronomista. Uno de los propósitos prioritarios de estos libros de Samuel es, posiblemente, legitimar la dinastía davídica en Israel, que se mantuvo únicamente en el reino del sur, Judá.

Originalmente estos libros eran solo una obra o volumen, pero para facilitar su manejo en contextos litúrgicos se dividieron en dos; y ese es también el caso de los libros de Reyes. La Septuaginta, o versión de los LXX, presenta a Samuel y Reyes como cuatro libros, y los denomina «Libros de los Reinos», tendencia que siguió la traducción de la Vulgata latina, a los cuales llamó «Los cuatro libros de los Reyes».

Aunque el juez y profeta Samuel es uno de los personajes principales de estas obras, la lectura de las narraciones descubre que el estilo continúa la tendencia literaria y teológica que nace en el Deuteronomio, y que ciertamente prosigue con vigor y efectividad en los libros de Josué y Jueces. Algunas de las tradiciones que se incluyen en el libro provienen ciertamente de la época de la monarquía, pero la redacción final de la obra posiblemente se hace en el exilio, e intenta poner de manifiesto algunas de las razones por la cual el pueblo perdió la Tierra Prometida. La crítica a la monarquía en general es un tema recurrente de gran importancia teológica en el libro que no debe ignorarse. Esos comentarios evaluativos son importantes para comprender adecuadamente el análisis que los profetas hacían de la institución de la monarquía y sus funcionarios.

Los libros de Samuel son famosos entre los estudiosos de la Biblia por las diferencias textuales y complejidades literarias que manifiestan sus manuscritos. Algunas de esas dificultades se pueden explicar por el hecho que la obra se preservó en más de una familia de manuscritos antiguos. Posiblemente, detrás del texto de la Septuaginta haya algunos documentos hebreos antiguos, mejores que los que se han preservado en el texto masorético de Samuel. Los manuscritos descubiertos, por ejemplo, en las cuevas de Qumrán son más afines a la versión de la Septuaginta que a los manuscritos que poseemos de los masoretas.

La lectura inicial de los dos libros de Samuel descubre que sus narraciones presentan a tres personajes básicos, fundamentales y protagónicos: Samuel, Saúl y David. A estos tres líderes del pueblo se les debe la transición de la administración de los jueces a la implementación de la monarquía en Israel. Ese proceso complejo de integración nacional y reorganización política y social, de tribus independientes a pueblo con identidad y gobierno central, está íntimamente relacionado con las ejecutorias administrativas, las visiones políticas y las prioridades militares de estos tres líderes.

Con Samuel se cierra un capítulo importante en la historia nacional. Él fue el último representante de la forma de gobierno que se estableció en Canaán luego de la llegada de las tribus a la Tierra Prometida. Esas tribus, que no poseían mucha cohesión social, política y militar, fueron dirigidas por Samuel hasta que llegó la época del cambio. Sin embargo, el poder absoluto de Samuel se manifiesta en las narraciones bíblicas con suma claridad, pues consagró o ungió a los primeros dos reyes del pueblo, Saúl y David (1 S 9.27-10.1; 16.13), y orientó los procesos de transición. Inclusive, Samuel fue testigo del paso de la monarquía incipiente al desarrollo de la primera dinastía nacional, con la familia de David.

La obra se puede dividir en las siguientes tres secciones mayores: narraciones en torno a Samuel (1 S 1-12); los relatos relacionados con Saúl, el primer rey de Israel (1 S 13.1-2 S 1.27); y las hazañas de David, que lo llevaron al poder del reino (2 S 2.1-24.25). Estos grandes bloques temáticos y literarios incluyen otras secciones internas más pequeñas, a las cuales vamos a aludir a continuación.

Samuel, juez, sacerdote, profeta y político

Samuel es la figura protagónica indiscutible de gran parte de estos libros. Su nombre puede significar «lo he pedido al Señor» o, mejor, «su nombre es Dios». En ambos casos se pone de manifiesto con claridad desde su mismo nacimiento la importante relación con Dios, que será un componente continuo e importante en su carrera religiosa y política.

Todo este gran bloque literario inicial presenta en torno a este singular personaje en la historia de Israel los siguientes temas prioritarios: nacimiento, niñez y llamado de Samuel (1 S 1.1-3.21); las dos primeras guerras contra los filisteos (1 S 4.1-7.1); Samuel como juez en Israel (1 S 7.2-17); y la transición hacia la monarquía con la consagración de Saúl (8.1-12.25).

Las narraciones iniciales de la obra comienzan con el nacimiento milagroso de Samuel, que lo ubica en una tradición de personajes importantes en la historia nacional (p. ej., Moisés en Ex 1 y Sansón en Jue 13; y, posteriormente, Juan el Bautista y Jesús de Nazaret en Lc 1-2). Ese nacimiento es una clara manifestación de misericordia divina ante las oraciones humildes, insistentes, intensas y sentidas de una mujer estéril. Como gratitud a Dios, Ana le ofrece a su hijo Samuel al Señor, que se queda a vivir con el sacerdote Elí en el santuario de Silo (1 S 1.24-28).

En ese contexto de gratitud se incluye el cántico de Ana (1 S 2.1-10), que es similar a los salmos de acciones de gracias del Salterio, cuyo tema prioritario es la humillación de la gente arrogante, orgullosa y soberbia, y la exaltación de las personas humildes y honestas. En el poema se afirma de forma reiterativa que el poder de humillación y exaltación proviene del Señor, pues es una forma de manifestar su poder creador y dominio absoluto sobre todo lo creado. En torno a este singular poema es importante notar sus similitudes con el cántico de María (Lc 1.46-55), que también incorpora temas análogos.

Posteriormente el libro relata los primeros años de Samuel en el santuario de Silo, presenta su llamado extraordinario (1 S 2.18-26; 3.1-18), y claro el rechazo divino a Elí y sus hijos por no vivir de acuerdo con los valores que se desprenden de la Ley de Moisés.

La impiedad de los hijos de Elí, la incapacidad del padre de poderlos orientar y guiar, y la crisis con los filisteos, se convierten en los temas transitorios para llegar al llamado de Samuel y su posterior comisión como juez en Israel. Como los hijos de Elí se mostraron indignos e incapaces de ejercer efectivamente la judicatura y el sacerdocio nacional (2.17-17, 27-36), Dios levantó a Samuel para llenar ese vacío de liderato religioso, político, social y jurídico en el pueblo.

De singular importancia en las narraciones son las decisiones de Samuel durante las primeras dos guerras contra los filisteos. En la primera guerra (1 S 4.1-5.12) los israelitas fueron vencidos cerca de Eben Ezer, y los filisteos se llevaron el arca del pacto a Asdod. En esta guerra es que mueren los hijos de Elí, quien también murió al conocer estas noticias.

De acuerdo con las narraciones bíblicas, los filisteos devolvieron el arca porque les traía calamidades, que entendían como juicio divino, pues pensaban que representaba directamente al Dios de Israel. Desde Asdod, llevaron el arca a Bet-semes y luego hasta Quiriat-jearim (1 S 6.1-7.1).

Luego de veinte años se libra la segunda guerra contra los filisteos (1 S 7.1-17), que se llevó a efecto en las cercanías de Mizpa. En esta ocasión el triunfo le correspondió a los israelitas bajo el liderato de Samuel. El contexto general de esta victoria es ciertamente teológico. El pueblo se consagra y suplica la misericordia divina, Samuel ofrece los sacrificios y los filisteos son derrotados de forma definitiva.

El tema final de toda esta sección de guerras y triunfos es que Samuel se convirtió en el líder indiscutible del pueblo. El relato bíblico indica que juzgó a Israel durante el resto de su vida, que es una manera de afirmar su gran autoridad, que llegaba hasta Bet-el, Gilgal, Mizpa y Ramá, donde estaba ubicada su residencia permanente (1 S 7.15-17).

La próxima sección del libro (1 S 8.1-12.25) pone claramente en evidencia las importantes contribuciones de Samuel en el proceso de transición hacia la monarquía nacional. Samuel se presenta como un buen profeta, pues ungió a las primeros dos reyes del pueblo (Saúl en 1 S 9.15-10.2 y David en 16.1-13), y les comunicó la voluntad divina de acuerdo con las regulaciones y leyes del pacto (1 S 13.1-15.35). Aunque se retiró del protagonismo nacional, luego de la consagración de Saúl como rey Samuel mantuvo su autoridad y respeto hasta su muerte (1 S 25.1). Inclusive, cuando fue necesario, consagró a otro rey. Fue enterrado finalmente en la ciudad de Ramá, como a nueve kilómetros al norte de Jerusalén.

En efecto, la figura de Samuel no puede ser subestimada en las narraciones e historia bíblica. Fue un buen modelo de sacerdote, juez y profeta, pues ofrecía sus sacrificios regularmente con fidelidad ante Dios, no se dejó corromper en la implantación de la justicia y siguió fielmente la revelación divina en su trato con los reyes y el pueblo. Y su gran liderato político en el pueblo es incuestionable, pues seleccionó y ungió a los primeros dos reyes de la nación.

El primer rey de Israel, Saúl

La figura central en la segunda sección mayor de los libros de Samuel es indiscutiblemente Saúl (1 S 13.1-2 S 1.27), que se convierte en rey luego de su consagración privada en Ramá (1 S 9.15-17; 10.1), con sus ratificaciones posteriores en Mizpa (1 S 10.17-27) y Gilgal (1 S 11.14-15). Su figura en las narraciones bíblicas es enigmática y compleja; su personalidad, agresiva, y quizá paranoica; su liderato, ambivalente e impetuoso; su autoestima, baja y herida; y su reinado, frágil y desorganizado.

Aunque al principio Saúl contó con el aval de Dios, como se pone en clara evidencia en la guerra contra los amonitas, ese buen apoyo divino cesó ante sus continuas desobediencias a las órdenes divinas dadas a través del profeta Samuel. Y esos actos concretos de desobediencia y rebeldía, de acuerdo con las narraciones del libro, fueron el fundamento básico para que Dios le quitara su bendición y lo relevara de sus funciones reales.

Posiblemente, por la personalidad acomplejada y enigmática que tenía el rey Saúl esos actos específicos de rechazo a la voluntad de Dios se produjeron en contextos de guerra, cuando la obediencia a los estatutos divinos era un valor indispensable y fundamental para el éxito en las confrontaciones bélicas.

En primer lugar, en la tercera guerra contra los filisteos (1 S 13.1-14.52) Saúl no espera por el profeta Samuel, como se había acordado previamente, y comienza los actos de culto que precedían los combates. Parece que el rey, movido por la ansiedad y urgencia de atacar a los ejércitos de los filisteos, no esperó a la llegada necesaria del profeta para que oficiara en esos actos litúrgicos tan significativos en los ambientes bélicos. Es fundamental recordar que en toda la literatura deuteronomista (p. ej., en Dt, Jos y Jue), las guerras y sus resultados de victoria o derrota obtenidos eran vistas como parámetros de la fidelidad y como criterios de obediencia a Dios de parte del pueblo.

Además, en el contexto de su gran victoria contra los amalecitas (1 S 15.1-35), el rey Saúl tampoco obedeció ni respetó la orden de destruir todo el botín de guerra, que era el anatema, o *herem,* en la guerra santa. También, al final de su carrera política y militar consulta a una adivina en la ciudad de Endor para que se comunique con el difunto Samuel (1 S 28.7-25), cosa que estaba absoluta y expresamente prohibida en la Ley de Moisés (Dt 18.9-14).

Esas desobediencias de Saúl, aunque estaba en la cúspide de su poder como monarca en Israel, causaron consternación e indignación en Samuel, que comenzó a preparar el camino para ungir a un nuevo rey que fuera sensible a la voz y revelación divina y que también escuchara al profeta. Inclusive, ¡Samuel ungió y consagró a David en una ceremonia privada (1 S 16.1-23) aún cuando Saúl era el monarca en Israel!

Todo el bloque literario relacionado con Saúl pone en evidencia clara la transición política y administrativa del pueblo hacia una nueva forma centralizada de gobierno, la monarquía. En las narraciones, sin embargo, se pueden discernir dos tendencias opuestas en torno a esta novel institución nacional. De acuerdo con el testimonio bíblico, no hubo unanimidad en la afirmación e implantación de la monarquía como institución aprobada por Dios en el pueblo.

En primer lugar, se presenta una muy clara tendencia de oposición y rechazo a la monarquía, que solamente afirma la soberanía

divina en el pueblo, no la humana (1 S 8.1-21; 10.17-24; 12.1-25).
Se pone en evidencia, además, en estos relatos relacionados con
Saúl, otra tendencia en el pueblo, que afirma la monarquía como
una institución necesaria y pertinente, pues toma muy seriamente
en consideración las amenazas y los desafíos que les presentan
los filisteos (1 S 9.1-10.16; 10.27-11.15).

En ese contexto doble de rechazo firme al liderato de Saúl
y de preocupación seria por la institución misma de la monarquía, se presentan una serie de narraciones en torno a David y el
desarrollo de su liderato en el pueblo y en el reino. Es todo un
bloque literario que comienza cuando el joven David es llevado
al palacio y la corte de Saúl (1 S 16.14-23), hasta que finalmente
es coronado como el segundo rey de Israel (2 S 5.1-5).

Estas narraciones presentan la figura de David en continuo
ascenso. En primer lugar, se narra su victoria extraordinaria
sobre el gigante Goliat en medio de la cuarta guerra contra
los filisteos (1 S 17.1-58), que le ganó la aceptación general y
aclamación pública del pueblo, y que también propició la gran
amistad con Jonatán, hijo de Saúl, con quien entabló un pacto
eterno (1 S 18.1-4; 20.11-23.42).

A la vez que los relatos bíblicos presentan a David en medio de
sus victorias y celebraciones, se manifiesta en Saúl, según las narraciones, una hostilidad morbosa y creciente, fundamentada posiblemente en los complejos, las inseguridades y los temores del
monarca. Un tipo de envidia irracional y enfermiza se manifiesta
en Saúl, que decide eliminar a toda costa a quien le hacía sombra
en el reino: el popular joven David, que tenía al pueblo danzando
y cantando estribillos de triunfo y de comparación con el monarca:
«Saúl hirió a sus miles, y David a sus diez miles» (1 S 18.7).

La enemistad y aversión de Saúl hacia David se hacía más
profunda y compleja con el tiempo, aunque David era muy amigo del hijo del monarca, Jonatán, y se había casado con una de
sus hijas, Mical (1 S 18.17-30). Esas relaciones familiares no
impidieron las agresiones y los atentados de muerte de parte de
Saúl. Y esas actitudes en contra de David, que ya había sido se-
leccionado por Dios y Samuel como futuro rey, son interpretadas
en las narraciones bíblicas como bases para el rechazo divino.

Esas actitudes persecutorias de Saúl obligaron a David a salir y escapar de la corte para salvar su vida. Y en su huida se establece por algún tiempo en las regiones del sur de Palestina. Llega a Ramá para dialogar con Samuel (1 S 19.18-24), y posteriormente va a hablar con Jonatán (1 S 20.1-41) para llegar luego a Nob, donde estaba el sacerdote Ahimelec (1 S 21.1-22.23). Se movió luego a la región de los filisteos, y se reunió con el rey Aquís de Gat (1 S 21.11-15), ante quien finge una demencia; y llega por el desierto de Judá y se refugia en la gruta de Adulam, para de ahí llegar a Moab (1 S 22.1-23). Además, liberó a la ciudad de Keila de manos de los filisteos (1 S 23.1-29), y superó algunas dificultades adicionales en Zif.

Las dinámicas complejas de persecución y conflictos entre Saúl y David tienen otros episodios interesantes y muy reveladores. Por ejemplo, en dos ocasiones David le perdona la vida al monarca de Israel: en En-gadi (1 S 24.1-22) y en Zif (1 S 26.1-25), y en ambos relatos se destaca la fidelidad del joven ante al monarca ungido por Dios. Además, para evitar ser capturado por Saúl, David se refugia entre los filisteos, donde fue recibido por el rey Aquis de Gat, que le permite servir, junto a sus hombres de confianza, en labores de guerra como mercenarios, además de permitirle vivir en Siclag junto a su familia (1 S 27.1-28.2). Sin embargo, ese arreglo no perduró, pues se acercaba otra guerra contra Israel y los filisteos desconfiaron de David y su ejército privado (1 S 29.1-11). Finalmente, David vence a los amalecitas en el Neguev (1 S 30.1-31).

La sección final del primer libro de Samuel narra el suicidio del rey Saúl en las montañas de Gilboa (1 S 31.1-13), después de sufrir una derrota humillante en la quinta guerra de Israel contra los filisteos (1 S 28.1-31.13). Ante la muerte de Saúl, David, que fue perseguido y objeto de atentados de muerte continuos por ese monarca paranoico y acomplejado, llora sinceramente, según las narraciones bíblicas, la pérdida del «ungido del Señor» (2 S 1.14), y también lamenta de forma dramática e intensa la muerte de su mejor amigo, Jonatán (2 S 1.19-27).

David, rey y fundador de una dinastía

La tercera gran sección de los libros de Samuel se dedica a presentar las importantes ejecutorias de David como monarca de Israel. Ese reinado debe ubicarse entre los años c. 1010-970 a. C. En primer lugar, David es proclamado rey únicamente sobre la tribu de Judá, desde la ciudad de Hebrón (2 S 2.1-7). Posteriormente se desarrolla una guerra civil por el poder entre los herederos de Saúl y la casa de David, que culminó con la muerte de los posibles sucesores al reino: el hijo del rey Saúl Isbaal o Is-boset (2 S 2.8), y el jefe de su ejército, Abner.

Posteriormente, David es también proclamado rey por las tribus del norte, cuando los diversos intentos por producir una transición suave, adecuada y estable en la monarquía habían terminado en fracaso (2 S 5.1-5). Joab, el antiguo jefe del ejército de Saúl, permaneció en su puesto, posiblemente por su fama y porque le declaró su lealtad al nuevo monarca, David.

Las narraciones bíblicas celebran y afirman varios eventos y decisiones de David al comienzo de su monarquía, como la conquista de la antigua ciudad jebusea de Jerusalén y la importante decisión de hacerla la nueva capital del reino (2 S 5.6-16). Esa importante decisión estratégica se fundamentaba no solo en alguna virtud geográfica, sino en una magnífica estrategia política que permitió que las tribus del norte se integraran a su gobierno. Además, trasladó el arca del pacto a Jerusalén (2 S 6.1-23), desde donde había sido llevada en Silo, luego de la batalla contra los filisteos.

Un elemento importante que le brindó lustre y poder al reinado de David al comienzo de su carrera administrativa, política y militar fue sus repetidas victorias contra los ejércitos de los filisteos, moabitas, amonitas, arameos y edomitas (2 S 8.1-10.19). Esos triunfos le permitieron al monarca expandir sus dominios y ganarse la fama de rey firme y decidido.

Y en ese singular entorno histórico y teológico de triunfos y conquistas se produce un vaticinio de repercusiones extraordinarias en la literatura bíblica: la profecía de Natán, que se convirtió en una promesa mesiánica de grandes proporciones históricas

(2 S 7.1-29). Esta promesa divina al monarca es uno de los pasajes bíblicos más importantes en todo el AT, pues une dos temas de gran significación religiosa y espiritual, tanto para las comunidades judías como para las cristianas. En primer lugar, se refiere a David y el establecimiento de una dinastía estable y eterna (2 S 7.16); y, en segundo término, se alude a Salomón y la construcción del Templo de Jerusalén (2 S 7.12-15). El mensaje es extraordinario: aunque David no le construya «casa» (el Templo) al Señor, el Señor le establecerá una «casa» (es decir, una dinastía) a David.

A esa ristra de aciertos y logros se unen unas narraciones que complementan la imagen que se articula en los libros de Samuel del rey David. Un doble pecado acecha y persigue al afamado monarca: un acto inmoral y traicionero de adulterio, y un asesinato vil y deshonroso para encubrirlo (2 S 11.1-27). En efecto, el pecado de David con Betsabé tiene grandes repercusiones en su vida, pues fue el detonante que generó el complot para asesinar a su marido, que era uno de sus más fieles soldados, y que propició posteriormente un nuevo mensaje profético de amonestación de Natán (2 S 12.1-25). En ese contexto de crisis personal, familiar y nacional, nace Salomón, que con el tiempo se convertirá en el tercer monarca de Israel (2 S 12.24-25).

Aunque la figura de David se ha idealizado a través de la historia, una lectura atenta y cuidadosa de esas mismas narraciones bíblicas en torno a su persona presentan un cuadro más realista y detallado del afamado monarca. Algunos estudiosos piensan, basados en estas lecturas de la Biblia, que David fue un personaje ambicioso e inescrupuloso, que no se detenía ante nada para lograr sus calculados objetivos. Por ejemplo: utilizó a los filisteos para mantener ocupado a Saúl en el sur de Palestina; sirvió como mercenario en los ejércitos enemigos de los filisteos; organizó un ejército personal, que le era leal únicamente a él; usó las muertes de Saúl y Jonatán para beneficio propio; y quizá tuvo algo que ver con las muertes de Is-baal y Abner.

Posiblemente estas actitudes y comportamiento de David puedan ser la explicación para las dinámicas familiares de hostilidad y disfuncionalidad que se desarrollaron en su hogar. Las rebeliones de sus hijos y el apoyo que el pueblo les brindó pueden ser indicadores del malestar que había en el reino en torno a las actitudes despóticas y unilaterales del monarca, especialmente entre las tribus del norte (2 S 15.1-18.33). Además, fueron fuente de rechazo y tensión las decisiones de David de hacer un censo en el pueblo para determinar su poder militar (2 S 24.1-25).

La llamada «historia de la sucesión de David» (2 S 9.1-20.26 y 1 R 1.1-2.12) constituye un bloque temático y literario significativo en la obra. Intenta, en efecto, explicar porqué fue Salomón el heredero del trono, entre los hijos y familiares de David y Saúl. Posiblemente la finalidad teológica de esta sección es identificar a los otros posibles candidatos al reino y presentar la razón de la negativa divina a sus aspiraciones. Y entre esos posibles candidatos, se pueden identificar los siguientes: Mefi-boset, hijo de Jonatán y nieto de Saúl; y los hijos mayores de David (Amnón, Absalón y Adonías). De acuerdo con las narraciones bíblicas, Dios mostró su amor hacia Salomón desde su nacimiento (2 S 12.24). Y ese comentario teológico puede ser el fundamento de la posterior decisión divina a favor de Salomón.

Al final del segundo libro de Samuel se presentan dos poemas relacionados con David. El primero es un sentido cántico de liberación (2 S 22.1-51), que se incluye también en el Salterio (Sal 18); y el segundo es una especie de testamento final de David (2 S 23.1-7). En el primer poema se canta a las intervenciones salvadoras de Dios en medio de las realidades de la vida. Y el segundo puede dividirse en cuatro componentes básicos: se presenta como favorito de Dios (1 S 23.1); luego ensalza la conducta del rey justo (2 S 23.2-4); prosigue el poema con el recuento del pacto eterno con David (2 S 23.5); para finalizar con el anuncio de juicio divino contra la gente malvada (2 S 23.6-7).

Entre las crisis que hirieron adversamente el trono de David en las postrimerías de su reinado se pueden identificar las siguientes: la rebelión de su hijo Absalón (2 S 15.1-16.23) y las plagas o peste que azotó a Israel como producto del pecado del rey (2 S 24.1-15). Esas calamidades, una personal y familiar, y la otra nacional y general, ponen de relieve la evaluación final del libro en torno a la figura de David.

La obra presenta dos temas adicionales para concluir: la identificación de los llamados «valientes de David», que esencialmente constituían su ejército personal (2 S 23.8-38). Ese es posiblemente el reconocimiento público de las personas que ayudaron a David a lograr sus metas militares y políticas.

Y el episodio final de todas estas narraciones: la compra del terreno que se convertirá en el lugar para la construcción posterior del Templo (1 Cr 21.8-22.1; 2 Cr 3.1). Aconsejado nuevamente por el profeta Gad, David compra el predio de terreno en donde el ángel del Señor detuvo el juicio divino sobre el pueblo (2 S 24.18-25), el monte Sión. Compró el terreno de Arauna el jebuseo para edificar un altar al Señor.

La teología mesiánica

La teología en los libros de Samuel prosigue la tendencia que nace en el libro del Deuteronomio y prosigue en Josué y Jueces: la protección de Dios al pueblo está íntimamente asociada a las actitudes de obediencia al pacto que se llevó a efecto en el monte Sinaí. En efecto, el criterio fundamental de la bendición divina es un parámetro de la fidelidad humana. Si la gente es fiel y obediente a la Ley, disfrutan de las bendiciones de Dios, que, por ejemplo, se manifiestan de formas concretas en las victorias del pueblo contra sus enemigos.

En los libros de Samuel ese importante criterio de fidelidad se explora de forma óptima, pues se ponen de relieve nuevas realidades históricas, espirituales, sociales, políticas y militares que reclamaron de los profetas como Samuel, Gad y Natán, una valoración más intensa y profunda de las acciones del pueblo y de las ejecutorias específicas de los reyes en la recién creada institución de la monarquía nacional.

Y en ese gran entorno religioso e histórico se ponen de manifiesto dos temas de gran importancia espiritual y de profunda envergadura política: la institución de la monarquía y sus repercusiones teológicas, y la profecía de Natán y sus implicaciones mesiánicas.

La monarquía en Israel surge en un momento significativo y con alguna justificación histórica. Samuel se hacía anciano y no podía llevar a efecto sus actividades de juez del pueblo con efectividad, y sus hijos no vivían a la altura del testimonio ejemplar de su padre, pues cedieron ante las presiones del pueblo y se corrompieron (1 S 8.1-5); además, las amenazas de los filisteos eran un desafío continuo a la existencia misma del pueblo de Israel. En ese contexto complejo de realidades familiares, éticas y militares surge la institución de la monarquía que intenta responder con efectividad a esos reclamos existenciales y necesidades nacionales.

Es significativa la forma en que todos los ancianos del pueblo (es decir, los jefes y representantes de las diversas tribus; 1 S 8.4) llegan ante Samuel para solicitar la implantación del nuevo sistema de gobierno monárquico. En hebreo hay dos palabras que muy bien pueden traducirse en castellano como «pueblo»: la primera es *am*, que se utiliza para designar específicamente a Israel; y la segunda, *goy*, en plural *goyim*, se usa generalmente para referirse a la naciones paganas vecinas. La petición de los líderes del pueblo era clara, firme, directa y reveladora: «danos ahora un rey que nos juzgue, como tienen todas las naciones (*goyim*)» (1 S 8.5).

El reclamo de los líderes nacionales incluía un elemento de influencia pagana que estaba expresamente prohibido por la Ley. Aunque de primera instancia la petición puede parecer sencilla e ingenua, pues el resto de las naciones vecinas de Israel, incluyendo los filisteos, estaban organizadas con una infraestructura gubernamental centralizada, la evaluación más profunda y sosegada del reclamo a Samuel pone en clara evidencia que el problema político, administrativo y gubernamental tenía graves implicaciones religiosas y serias consecuencias teológicas.

Samuel comprendió muy bien la naturaleza espiritual de la dificultad, pues en sus diálogos con Dios, de acuerdo con las narraciones bíblicas, se evidencia esta preocupación. Dios le dijo: «Oye la voz del pueblo en todo lo que te digan; porque no te han desechado a ti, sino a mi me han desechado, para que no reine sobre ellos» (1 S 8.7). En efecto, el grave problema de la monarquía era la sustitución del rey divino por el humano, que ante los ojos del profeta era sencillamente inaceptable. El corazón de la crisis era el rechazo público del pacto en el monte Sinaí con el pretexto de tener una infraestructura de gobierno más segura. De acuerdo con el relato de las Escrituras, la petición conllevaba cambiar el reinado de Dios, que había prometido a los patriarcas y las matriarcas una tierra para vivir con seguridad, había sacado al pueblo de Egipto, los había guiado por el desierto del Sinaí, llevado a la Tierra Prometida y ayudado a conquistar Canaán, por la implantación de un monarca humano que les brindara sentido de seguridad inmediata antes las nuevas amenazas filisteas.

Finalmente Samuel unge al rey Saúl, pero mantiene un sentido de crítica y preocupación profética no solo en torno al primer monarca de Israel en específico, sino en referencia a la institución de la monarquía en general. Esa fue la razón básica por la cual, cuando Saúl se apartó y desobedeció la voluntad divina, Samuel ungió en privado al segundo rey de Israel, David.

Un segundo aspecto teológico de gran importancia histórica y teológica en los libros de Samuel también se relaciona con la institución de la monarquía. Específicamente está relacionado con la famosa profecía de Natán en torno al reino de David (2 S 7.12-16). En este mensaje, Natán le comunica al rey David el plan divino en torno a su futuro, que incluye que uno de sus herederos le construirá una «casa» a Dios (en referencia al Templo de Jerusalén), y que Dios le edificará a él una «casa», en alusión al comienza de la dinastía davídica. Esa dinastía, además, de acuerdo con el mensaje profético, sería eterna. El oráculo juega con dos de los significados de la palabra hebrea *bayit*, que puede traducirse como «casa», «edificio» o «templo», o también como «dinastía» o «descendencia».

En efecto, el mensaje profético alude primeramente al rey Salomón, que fue el heredero inicial de la monarquía davídica, y que fue también el que construyó el Templo de Jerusalén (1 R 6.1-38). A partir de este importante y singular mensaje profético, según el testimonio bíblico, David y su dinastía se constituyeron en portadores especiales de la promesa divina. Y, fundamentados en esta interpretación teológica, los profetas y salmistas bíblicos afirmaron y proclamaron la esperanza mesiánica del pueblo de Israel.

Esa incondicional esperanza en el Mesías o Ungido de Dios afirmaba que en el futuro llegaría al pueblo un gobernante de la dinastía de David que implantaría la justicia al pueblo y sería el portavoz de la voluntad divina a la comunidad. Ese nuevo descendiente ideal de la familia de David traería estabilidad eterna al reino (Sal 89.19-37; 132.11; Is 9.6-7; 11.1-10), será un particular hijo de Dios (Sal 2.7) y tendrá un dominio universal (Sal 2).

De acuerdo con el mensaje bíblico, esta promesa de Dios se mantuvo aún en medio de las vicisitudes y la catástrofe inimaginable del exilio en Babilonia, la destrucción del Templo y la caída del ungido del Señor, el rey, ante los ataques inmisericordes de los ejércitos paganos (Lam 4.20). Inclusive, esa esperanza extraordinaria no disminuyó, ni amainó, ni se debilitó en la crisis babilónica, sino que se fortaleció aún más, y tomó vigor y esplendor, pues luego del regreso del exilio la figura mesiánica esperada se hizo más necesaria e imprescindible.

De acuerdo con los evangelistas y predicadores del NT, esas importantes esperanzas mesiánicas se cumplieron cabalmente en la figura histórica de Jesús de Nazaret (Lc 4.18-19). Según la teología cristiana, Jesús hizo realidad esas expectativas ideales, con su predicación liberadora, su programa de sanidad a los enfermos y de liberación de los cautivos, su compromiso firme y decidido con la implantación de la justicia y la paz y su claro y absoluto sentido de lealtad a la voluntad divina.

En efecto, en esa importante tradición mesiánica, Jesús fue reconocido y aclamado públicamente como el «hijo de David» y ciertamente como «rey» (Mt 15.22; 21.9,15; Mc 10.47-48). Y luego de la resurrección, uno de los énfasis teológicos de más importancia espiritual en la predicación apostólica era afirmar que Jesús de Nazaret era el descendiente esperado de David (Rom 1.3; 2 Tim 2.8; Ap 5.5) y que en su ministerio terrenal se había cumplido la antigua promesa mesiánica hecha al rey David (Hch 2.30; Heb 1.5).

6

✤ Los libros de los Reyes

Te he dado corazón sabio y entendido,
tanto que no ha habido antes de ti otro como tú,
ni después de ti se levantará otro como tú.
Y aun también te he dado las cosas que no pediste,
riquezas y gloria, de tal manera que entre los reyes
ninguno haya como tú en todos tus días.
Y si anduvieres en mis caminos, guardando mis
estatutos y mis mandamientos, como anduvo David
tu padre, yo alargaré tus días.

1 REYES 3.12-14

Los libros de los Reyes

Los libros de los Reyes incluyen narraciones referente al período que abarca desde la etapa final de la monarquía de David y el ascenso al trono de su hijo Salomón (c. 970 a. C.) hasta la caída de la ciudad de Jerusalén y la destrucción del Templo a manos de los babilónicos (c. 587 a. C.). Presentan la implantación de la monarquía en Israel, que incluye sus comienzos, apogeo, logros, dificultades, divisiones y crisis. Sus relatos incluyen los tiempos de esplendor político, social, cultural, literario y religioso durante los reinados de David y Salomón, y también revela las continuas manifestaciones de idolatría del pueblo y sus líderes hasta la derrota fulminante de Judá ante los ejércitos invasores del gran Nabucodonosor de Babilonia.

A la par del recuento de ese período monárquico, los libros de los Reyes incorporan una serie de narraciones en torno a varios profetas que complementan y evalúan esos años desde una muy seria y crítica perspectiva teológica y espiritual. Esos años fueron testigos de las actividades y ejecutorias proféticas de Elías, Eliseo, Amós, Oseas, Isaías, Miqueas, Jeremías y Ezequiel. Fueron años donde las decisiones administrativas, políticas y militares de los monarcas eran analizadas de forma cuidadosa por los profetas, que mantenían independencia de criterio y capacidad de juicio crítico.

Durante ese período de la monarquía tres potencias internacionales se mantenían a la expectativa de los que sucedía internamente en Israel y Judá. En primer lugar estaba Asiria, que influyó decisivamente en la región con sus continuas políticas expansionistas e imperialistas. Entre los gobernantes asirios más importantes, en relación a la política hacia Palestina y Siria, se pueden identificar los siguientes: Asurbanipal (884-859 a. C.), Salmanasar III (859-824 a. C.), Tiglat Pileser (745-727 a. C.), Salmanasar V (727-722 a. C.), Sargón II (721-705 a. C.) y Senaquerib (704-681 a. C.).

La segunda potencia en el Oriente Medio que afectó decisivamente la institución de la monarquía en Judá e Israel fue Egipto, especialmente bajo la administración de dos de sus faraones: Sisac (945-924 a. C.) y Necao o Neco (609-594 a. C.). Y el tercer imperio que decididamente afectó adversamente la historia de los reyes del norte y del sur fue el babilónico, especialmente bajo el mandato de Nabucodonosor (605-562 a. C.) y Baltasar (555-538 a. C.), el hijo de Nabónido.

Las decisiones políticas y militares de esas potencias afectaron la vida de la monarquía unida, inicialmente, y luego a los gobiernos de los reyes del norte, Israel, y del sur, Judá. Y la lectura de las narraciones en los libros de Reyes pone en evidencia esas relaciones, que en momentos fueron de paz y armonía, pero que en ocasiones se manifestaban en hostilidad, invasiones, guerras y deportaciones.

El contenido básico de los libros se puede relacionar con tres momentos de fundamental importancia en la historia nacional. El primero es el reinado de Salomón, el comienzo de la dinastía davídica y la posterior división del reino (c. 970-931 a. C.; 1 R 1.1-11.43). La segunda sección de importancia, que con facilidad se desprende de la lectura de los libros, se asocia principalmente a las narraciones paralelas en torno a la vida de los reinos del norte y del sur, desde el inicio de la ruptura nacional hasta la destrucción del reino del norte, Israel, a manos de los asirios (722 a. C.; 1 R 12.1-2 R 17.41). La tercera división básica en los libros de los Reyes se relaciona con el reino del sur, Judá, luego de la destrucción de Israel, hasta la caída de Jerusalén y la deportación a Babilonia (587 a. C.; 2 R 18.1-25.30).

Título, autor, y fuentes literarias

El libro de los Reyes deriva su título del contenido de las narraciones que incluye. En efecto, como es una evaluación de la monarquía y sus funcionarios, el título de Reyes es muy apropiado. Al igual que los libros de Samuel, los Reyes eran originalmente un solo volumen, que por razones de manejo en la versión griega de la Septuaginta (LXX) se dividió en dos secciones. Los libros de Samuel tomaron el título de Primer y Segundo libros de los Reinos, y los manuscritos que ahora estudiamos adquirieron el de Tercer y Cuarto libro de los Reinos. En la Vulgata, San Gerónimo optó por identificar este bloque bíblico, en esa tradición griega, como los «Cuatro libros de los Reyes». La división en dos volúmenes se descubre en los manuscritos hebreos tarde en la historia, en la Biblia rabínica (c. 1516/1517).

A diferencia de los libros de Samuel, que manifiestan muchas dificultades textuales, el caso de los Reyes presenta un texto hebreo bastante bien conservado. Solo se pueden identificar algunos cambios con no mucha significación, como omisiones, añadiduras y transposiciones de pasajes.

La autoría de los libros de Reyes debe evaluarse desde la perspectiva de la larga transmisión de tradiciones orales y escritas que llegaron al período exílico. Fue en ese período donde se editaron finalmente los documentos y tradiciones que constituyen estos importantes libros de la Biblia. Aunque esa redacción final de los libros se llevó a efecto luego de la destrucción del Templo de Jerusalén y la deportación a Babilonia, se pueden identificar con claridad algunas fuentes preexílicas que se utilizaron en la redacción final y edición definitiva de estos volúmenes.

Los libros de los Reyes citan de forma explícita tres de estas fuentes literarias previas: Libro de los hechos de Salomón (1 R 11.41), Libro de las historias de los reyes de Israel (1 R 14.19) y las Crónicas de los reyes de Judá (1 R 14.29). A estas obras debemos añadir algunas fuentes orales y escritas adicionales relacionadas con el culto y los sacerdotes, y con los monarcas y los profetas.

El propósito final de estas obras no es estrictamente histórico, político y social, sino teológico, religioso y espiritual. La finalidad no es exponer los aciertos y desaciertos de la institución de la monarquía desde una perspectiva política, administrativa o militar, sino analizar el comportamiento de los reyes y del pueblo, de acuerdo con la antigua teología del Deuteronomio de fidelidad al pacto o alianza. El criterio último de evaluación no son las motivaciones filosóficas, decisiones gubernamentales y acciones reales, sino la lealtad, fidelidad y obediencia que manifiestan a la revelación divina que se produjo en el monte Sinaí a través de Moisés.

Los libros de Reyes prosiguen esa evaluación teológica que comienza en el libro de Deuteronomio y que se mantiene en Josué, Jueces y Samuel. Lo que interesa en última instancia a los redactores finales de estos libros en el exilio era la relación entre la fidelidad al pacto y la destrucción de la monarquía. En efecto, fueron las continúan rebeliones e infidelidades del pueblo, de acuerdo con las Sagradas Escrituras, las que trajeron la completa destrucción de las instituciones nacionales, primeramente del reino del norte, Israel, y posteriormente del sur, Judá.

Por esa razón teológica la obra no incluye todo el material que en la actualidad se consideraría importante y necesario para comprender adecuadamente algún período. Ese es el motivo principal por el cual los libros de los Reyes no brindan muchos datos históricos que nos permitan establecer con certeza las fechas de inicio y final de los reinados descritos. Esta característica literaria y teológica dificulta y complica el análisis cronológico de esta singular época de la historia nacional: la monarquía.

El énfasis de los libros de los Reyes es el análisis religioso, teológico y espiritual de las acciones de los reyes de Israel y Judá; específicamente, desde la perspectiva de la fidelidad a la palabra divina. Y ese singular objetivo se manifiesta con claridad no solo en los comentarios evaluativos que se incluyen en torno a cada gobernante, sino a través de las continuas y reiteradas palabras de amonestación y juicio de los profetas, quienes cumplen un tipo de función de conciencia religiosa, moral y espiritual de los monarcas.

El reino de Salomón

Las narraciones en torno al reinado de Salomón ocupan gran parte del primer libro de Reyes (1 R 2.12-11.43). Y una lectura cuidadosa del material revela el énfasis que se pone a las grandes obras del monarca y a sus contribuciones positivas a la vida cultural e intelectual del país. Sin embargo, esas virtudes administrativas y políticas posteriormente se revisan, pues se evalúan críticamente sus actitudes religiosas impropias e infieles que le llevan a la apostasía (1 R 11.4-8). Y aunque la mayor parte de las narraciones presentan la vida exitosa y los grandes logros de Salomón, los libros de los Reyes no desean presentar solo una parte de su evaluación del monarca, e incluyen un análisis crítico de sus labores, particularmente desde el ángulo de la fidelidad al pacto y su rechazo a las prácticas idolátricas del pueblo.

Luego de las narraciones referentes a la etapa final del reinado de David (1 R 1.1-2.12), que unen los libros de Samuel con el de los de Reyes, comienza la descripción de la monarquía dirigida por Salomón. Su proclamación como rey, por la intervención de Betsabé, su madre (1 R 1.28-53), estuvo precedida por un episodio doloroso en la familia real: la rebelión de Adonías, hijo de David y Haguit, y su usurpación del trono (1 R 1.5-27). Posiblemente Adonías se consideraba el heredero legítimo por ser el mayor de los hijos de David que sobrevivían.

El reinado de Salomón es evaluado primeramente desde una perspectiva muy positiva. Una de las primeras afirmaciones en tono al nuevo monarca, luego de la muerte de David, es que «Salomón amó al Señor y anduvo en los estatutos de su padre David» (1 R 3.3). Además, las narraciones bíblicas indican, de forma directa, categórica y firme que Dios mismo le había dado «un corazón sabio y entendido» (1 R 3.12) para poner de manifiesto su nivel intelectual, y también para enfatizar su capacidad para gobernar al pueblo con justicia y equidad.

En ese entorno de relatos gratos, saturados de afirmaciones de sabiduría e inteligencia, y lleno de alusiones a la prosperidad económica y los logros administrativos del reino, se presentan las hazañas de Salomón, el primer sucesor de David. Y entre sus ejecutorias exitosas se pueden identificar las siguientes: su capacidad diplomática para entablar pactos internacionales y mantener la paz con sus vecinos (p. ej., el pacto con Hiram; 1 R 5.1-18; 2 Cr 2.1-18); sus virtudes comerciales al establecer un sistema efectivo de venta caballos y carruajes procedentes de Egipto a los heteos y sirios (1 R 10.26-29; 2 Cr 1.14-17; 9.25-28); la creación de una marina mercante, que tenía su base en Ezión-geber, en Elot, frente al mar Rojo (1 R 9.26-28); y sus ambiciosos y costosos proyectos de construcción.

Las construcciones relacionadas con la administración del rey Salomón son muy importantes: por ejemplo, un complejo de edificios amurallados en la ciudad (1 R 7.1-12), entre los que se incluía el «Bosque del Líbano», en donde se guardaban los armamentos y el tesoro real (1 R 10.17,21; 2 Cr 9.16,20; Is 22.8); y la restauración de varias ciudades estratégicas del reino (1 R 9.10-28).

De particular importancia histórica, administrativa, política y teológica es la edificación del Templo en Jerusalén (1 R 6.1-38) en los terrenos que previamente había adquirido David con ese singular propósito. Esa construcción es la obra magna del monarca, pues constituye no solo un logro extraordinario de ingeniería, sino el cumplimiento de las promesas divinas a David y la consolidación de las dinámicas religiosas en Jerusalén, capital del reino.

Los relatos relacionados con esta importante edificación del Templo incluyen también la construcción del mobiliario (1 R 7.23-51); el traslado del Arca del pacto a la ciudad de Jerusalén (1 R 8.1-10); los actos de dedicación y la reveladora oración del monarca (1 R 8.12-10.13); y, finalmente, el pacto de Dios con Salomón (1 R 9.1-9). En efecto, esta edificación llenó de gloria histórica la administración del monarca, y le permitió centralizar y agilizar el gobierno en la ciudad de Jerusalén.

De acuerdo con las narraciones del libro de los Reyes, esas obras magníficas e imponentes de construcción, junto a su extraordinaria capacidad para implantar la justicia con equidad y sabiduría, le ganaron fama internacional. Y ese gran reconocimiento y prestigio de Salomón llegaron a su punco culminante con la importante visita diplomática de la reina de Sabá a la ciudad de Jerusalén (1 R 10.1-13), y con sus posteriores declaraciones en torno al sabio y afamado monarca, que ponen en clara evidencia la percepción internacional que desean afirmar las narraciones: «Verdad es lo que oí en mi tierra de tus cosas y de tu sabiduría; pero yo no lo creía, hasta que he venido, y mis ojos han visto que ni aun se me dijo la mitad; es mayor tu sabiduría y bien, que la fama que yo había oído» (1 R 10.1, 6-7). En efecto, estas palabras ponen claramente de manifiesto la extraordinaria fama del monarca de Israel, fundamentada en sus riquezas y sabiduría (1 R 10.14-25).

La historia completa de Salomón no es solo de logros y realizaciones. Según el libro de los Reyes, este mismo monarca exitoso, poderoso, sabio, diplomático y emprendedor manifiesta una actitud permisiva hacia la idolatría en su reino (1 R 1.1-40). Esas prácticas de cultos paganos estaban relacionadas posiblemente con su política diplomática de tomar por esposas representantes de otras naciones que trajeron con ellas sus costumbres religiosas. Y entre esas prácticas estaban los sacrificios a otros dioses que, según el testimonio del Deuteronomio y los libros de Josué, Jueces y Samuel, era una grave abominación ante el Señor.

La conducta de Salomón en torno a este importante asunto religioso se contrapone a la gestión de David, que sigue las directrices de la Ley de Moisés de acuerdo con la teología del Deuteronomio: un solo Dios, un Templo, un pueblo y una Tierra Prometida. La actitud de Salomón violó varios estatutos divinos: se fue en pos de otros dioses, desobedeció la Ley y adoró en varios santuarios idolátricos (1 R 11.11).

A esas acciones de corte religioso y teológico se debe añadir el descontento general del pueblo por el sistema oneroso de impuestos que implantó el monarca para sostener sus programas de construcción (1 R 12.1-4). Esos altos tributos que requirió Salomón para llevar a efecto sus diversos proyectos hicieron que se cumplieran las antiguas palabras de Samuel, cuando advirtió al pueblo de los peligros de monarquía (1 S 8).

Esas dinámicas fiscales, unidas a los antiguos conflictos históricos y las desavenencias políticas entre las tribus del norte de del sur (2 S 20.1-2), tuvieron que ver con las dificultades y los problemas que generaron la división del reino una vez Salmón falleció (1 R 12.1-24). La acumulación de resentimientos hacia la administración central en Jerusalén finalmente llegó a materializarse en la división oficial del reino, que para los profetas fue un acto adicional de rebeldía contra la voluntad divina.

Los dos reinos: Israel en el norte y Judá en el sur

Una vez Salomón fallece, en el 931 a. C. su hijo Roboam le sucede. Y con la muerte del monarca la unidad de reino se deterioró, tanto desde la perspectiva social como de la política, y el cisma de Israel y Judá se hizo realidad (1 R 12.16-19). Las diez tribus del norte siguieron a Jeroboam, y solo Judá permaneció en el sur y siguió a Roboam, pues la tribu de Simeón ya casi había desaparecido.

La narración que explica la división presenta a un Roboam engreído, altanero, orgulloso, déspota e irracional, que no escucha los justos reclamos del pueblo; y Jeroboam, por su parte, fue un superintendente en las obras de construcción de Salomón, y había sido ungido con antelación por el profeta Ahías de Silo para reinar sobre las tribus del norte (1 R 11.29-39).

La ruptura entre los reinos del norte y del sur tuvo implicaciones religiosas muy serias. Una de las primeras decisiones de Jeroboam para organizar social, política y religiosamente su gobierno fue construir dos santuarios, para que los israelitas no necesitaran bajar a Jerusalén a presentar sus ofrendas y hacer sus sacrificios. En cada uno de esos santuarios, que estaban ubicados en los extremos norte y sur del reino, en Dan y Bet-el, colocó un becerro de oro (1 R 12.15-33).

Desde que finalmente se dividen las tribus, luego de la muerte de Salomón, las narraciones de la Biblia presentan las historias de cada uno de los reinos de forma separada pero sincronizada. Y estas presentaciones no son evaluaciones generales de las ejecutorias gubernamentales, sino análisis de los monarcas de acuerdo al criterio de la fidelidad y obediencia a la Palabra divina, especialmente la lealtad que manifestaron a la revelación divina en el monte Sinaí.

Las declaraciones teológicas negativas que siguen las evaluaciones de los reyes están cargadas de dramatismo, intensidad y severidad: «Hizo lo malo ante los ojos del Señor» (1 R 15.26; 22.52; 2 R 13.2). En el sur, el reino de Judá, por ejemplo, algunos monarcas reciben una evaluación positiva, de acuerdo con las narraciones, por seguir los pasos del rey David, que se convirtió con el tiempo en modelo y paradigma de efectividad administrativa y moral. Los siguientes reyes de Judá son evaluados de forma positiva: Asa (1 R 15.11), Josafat (1 R 22.43), Ezequías (2 R 18.3) y Josías (2 R 22.2). La gran mayoría, sin embargo, recibieron una reseña adversa por no seguir los caminos de David.

Todos los reyes del reino del norte, Israel, de forma sistemática en las narraciones reciben una evaluación negativa. Referente a este tema es importante señalar que el análisis de estos monarcas se hace desde la perspectiva del sur, que nunca vio con buenos ojos la separación y el cisma en el reino en los tiempos de Jeroboam. Y con la frase «anduvo en el camino de Jeroboam, y en el pecado con que hizo pecar a Israel» (1 R 15.34) se revela con claridad la percepción adversa que se hace de toda esa serie importante de los reyes del norte.

De esa forma, se identifica claramente en los relatos bíblicos al primer rey de Israel, Jeroboam I (929-909 a. C.), como el paradigma absoluto de la maldad y la infidelidad ante Dios. Es decir: la concatenación de acciones infieles del pueblo de Israel, de acuerdo con los libros de los Reyes, se inicia en la administración de este monarca, que no tuvo reparo alguno en incentivar la adoración del pueblo en los santuarios recién construidos, en Dan y Bet-el, ante los becerros de oro.

Esas decisiones administrativas, en efecto, tenían grandes repercusiones espirituales y teológicas, pues fueron las acciones humanas que provocaron la ira divina, que propició, de acuerdo con las Escrituras, que los asirios tomaran Samaria en el 722 a. C. y destruyeran definitivamente el reino del norte (2 R 17.6).

En esa campaña militar los israelitas fueron llevados cautivos al exilio en Asiria.

La lectura detenida de los relatos bíblicos revela que en el reino del norte nunca hubo una estabilidad política que perdurara por muchos años. En sus dos siglos de existencia (929-721 a. C.) se alternaron en el poder nueve dinastías y diecinueve reyes. Ese no fue el caso político y administrativo de Judá, pues en el reino del sur los monarcas de la dinastía de David se fueron sucediendo de forma continua por casi tres siglos y medio (929-587 a. C.). Solo la reina Atalía, que en realidad usurpó temporalmente el poder real, logró mantenerse seis años en el poder.

La estructura literaria de las presentaciones de los reinos sigue el siguiente patrón, muy claro y bien definido: el nombre del rey, el de su padre y madre; relación con el reino alterno; edad del monarca y años de gobierno; evaluación ética y moral del rey; crítica política de la administración; y, finalmente, la muerte del monarca. Esa estructura paralela, que no incluye los pormenores administrativos ni las interioridades personales de los monarcas, es la que siguen las narraciones de los reyes del norte y del sur, de manera alternada, aunque en las presentaciones de los monarcas no se incorporan todas las partes de esta estructura.

Si las narraciones en torno a los reinos se evalúan desde una perspectiva histórica, se descubren por lo menos tres períodos básicos, que ponen de relieve los diversos períodos alternados de paz y de guerra en las monarquías. A un primer período de luchas y conflictos (c. 931-874 a. C.; 1 R 16.23-28) le sigue un tiempo de paz y tranquilidad (c. 874-841 a. C.; 1 R 17.1-2 R 8.29), para culminar con otro periodo de dificultades y problemas (c. 841-722 a. C.; 2 R 9.1-17.41).

El primer período de guerras finalizará con la llegada al poder del rey Omri (881-874 a. C.; 1 R 16.23-28). Este monarca, aunque fue reconocido en su época por las naciones vecinas, es severamente juzgado por las narraciones bíblicas por haber seguido el camino de Jeroboam.

Las buenas relaciones de Omri con Asá (911-870 a. C.) y Josafat (870-848 a. C.), reyes de Judá, propiciaron tiempos de paz en la región. Sin embargo, esas dinámicas de prosperidad social y paz internacional se vieron empañadas por el desarrollo de un sincretismo religioso en el reino del sur que se había manifestado previamente en Israel, el reino del norte.

Las fuertes y continuas influencias paganas en los reinos del norte y del sur pueden relacionarse con la llegada de Jezabel, hija del rey de Tiro, Et-baal, a la corte real de Israel. Ella es responsable, de acuerdo con las narraciones bíblicas, de la introducción en el reino de algunos cultos fenicios dedicados a Baal, conocido y venerado como señor de las lluvias y la naturaleza. Inclusive, por su influencia en el monarca, el rey Acab construyó en Samaria un templo en honor a Baal (1 R 16.32). El corazón de los mensajes proféticos de Elías y Eliseo está relacionado directamente con estas amenazas idolátricas al culto del Señor (1 R 17.1-2 R 13.25).

Una vez llega al poder en Israel el rey Jehú (841-813 a. C.), que era un celoso adorador y seguidor del Señor, y, en el sur, Atalía usurpa el poder (841-835 a. C.), comienza un período de luchas y hostilidades que finaliza únicamente con la caída de Samaria a manos de los asirios (722 a. C.). Los profetas Amós y Oseas fueron testigos de ese período de destrucción y cautiverio del reino del norte.

Los profetas Elías y Eliseo

En medio de las narraciones de los reyes de Israel y Judá se incluyen dos ciclos de episodios relacionados con los profetas Elías y Eliseo. Estos dos personajes no pertenecen al grupo de profetas escritores, pero ocupan un sitial de honor en las tradiciones bíblicas por la naturaleza de sus mensajes y por las características singulares de sus ministerios. Fueron paladines de la religión del Señor y fieles defensores del pacto de Dios con su pueblo en medio de una sociedad inmersa en el sincretismo religioso, que estaba saturada de vicisitudes políticas y desafíos económicos.

Elías, cuyo nombre significa «el Señor es mi Dios», llevó a efecto su ministerio profético durante la incumbencia de los reyes de Israel Acab y Ocozías (874-862 a. C.). Y Eliseo, que tiene como nombre «Dios ha dado ayuda», profetizó en el tiempo de Joram y Jehú (852-814 a. C.). Ambos profetas son dignos representantes del rechazo pleno y firme al sincretismo religioso y la idolatría que se manifestaba con fuerza, tanto en el reino de Israel como en el de Judá. Y para cumplir a cabalidad y responsabilidad sus vocaciones, no se amilanaron ante las autoridades políticas y militares de la época.

Estas narraciones describen con cierta amplitud las actividades y los mensajes de dos profetas aguerridos que decidieron enfrentar con valor, dignidad y sacrificio a los representantes del poder de su época, para confrontarlos directamente con el mensaje de la palabra y la revelación del Señor. El orden cronológico de estos episodios no es totalmente claro. Posiblemente, antes de ser fijadas de forma escrita estas narraciones se transmitieron de manera oral, por separado, primeramente en el reino del norte y luego en el reino del sur. Con el tiempo estos relatos se unieron para formar este importante bloque literario y teológico.

De Elías desconocemos su trasfondo familiar. Solo sabemos que provenía de Tisbe, de la región de Galaad, al este del río Jordán. Representa al profeta itinerante, intrépido, firme, decidido, solitario y asceta, que dedica la totalidad de su vida al servicio de Señor. Su objetivo profético, orientado al reino del norte, era promover una reforma religiosa y espiritual que le devolviera al pueblo el verdadero culto a Dios, de acuerdo con las enseñanzas de la Ley.

Aunque la acción mas significativa y recordada de Elías es la confrontación pública con los profetas de Baal en el monte Carmelo (1 R 18.20-46), en la cual el profeta desafió abiertamente al grupo de Baal y les venció, las narraciones en torno al resto de sus actividades proféticas incluyen las siguientes: el anuncio del juicio divino a través de la sequía en tiempos del rey Acab (1 R 17.1; 18.41-48); el milagro de la harina y el aceite en Sarepta (1 R 17.7-24); su encuentro transformador con el Señor en el monte Horeb, luego de las amenazas de Jezabel (1 R 19.1-18); el mensaje a Acab en torno a la viña de Nabot (1 R 21.1-29); y, finalmente, su anuncio de la muerte del rey Ocozías (2 R 1.1-18). En efecto, en Elías las Sagradas Escrituras tienen un buen ejemplo de fidelidad y firmeza en la comunicación del mensaje divino.

La transición del ministerio profético de Elías a Eliseo es importante, y las narraciones bíblicas son especialmente significativas. Mientras Eliseo contempla asombrado lo que sucede, su maestro, Elías, es llevado al cielo en un carro de fuego en medio de un torbellino (2 R 2.1-21). Esa narración inicia los episodios de la vida del profeta Eliseo, que, además de incluir varios incidentes bélicos (2 R 3.1-27), ponen en evidencia la actividad profética del profeta fuera de las fronteras de su país (2 R 8.7-15; 13.14-21).

De Eliseo sabemos que su padre fue Safat, y que provenía de una familia rural económicamente bien acomodada (1 R 19.19-21). Al ser llamado por su maestro, se dedicó a servir a Elías y a llevar a efecto su ministerio profético.

En los relatos bíblicos en torno a sus ejecutorias se destacan las actividades milagrosas, que distinguen y singularizan su labor profética. Además, se incluyen algunos episodios biográficos (1 R 19.19-21) y varias narraciones referentes a sus intervenciones en acontecimientos políticos de la época: por ejemplo, sus palabras en torno a las guerras contra los arameos (2 R 6.7-20) y las unciones de Hazael como rey de Aram (2 R 8.7-15) y de Jehú como monarca en Israel (2 R 9.1-13).

Entre los milagros que llevó a efecto Eliseo se pueden identificar los siguientes: la sanidad o purificación de las aguas del manantial (2 R 2.19-22); el castigo de los muchachos que le hacían burla (2 R 2.23-24); los prodigios referentes al aceite (2 R 4.1-7), los alimentos (2 R 4.38-41) y el pan (2 R 4.42-44); la recuperación del hacha (2 R 6.1-7); el nacimiento y la resurrección (o sanidad) del hijo de la sunamita (2 R 4.8-37); la sanidad del general sirio Naamán (2 R 5.1-27); e inclusive la resurrección de una persona muerta en la tumba del profeta (2 R 13.20-21).

Finalmente el profeta muere luego de predecir al rey Joás tres victorias sobre los ejércitos arameos (2 R 13.14-21). Con esos relatos los libros de los Reyes ponen claramente de manifiesto que el radio de acción del profeta Eliseo no estaba confinado al mundo de la religión, sino que afectaba también con seriedad la vida social del pueblo y respondía a sus desafíos políticos.

El reino de Judá

Luego de la caída de Samaria y de la deportación de sus ciudadanos a Asiria (722 a. C.), de acuerdo con los libros de los Reyes la historia en el reino de sur prosiguió entre manifestaciones de fidelidad al pacto, compromiso con la revelación divina y expresiones de infidelidad y rebeldía ante Dios, de manera alternada. Y desde ese momento en la historia el nombre de Israel comenzó a utilizarse para referirse también al reino del sur. Esa confusión de los nombres de las antiguas tribus revela una vez más el deseo de unidad entre los pueblos que se pone de relieve en las Sagradas Escrituras.

Desde la perspectiva de las reformas religiosas de importancia en Judá, se pueden identificar las contribuciones destacadas de dos reyes y dos profetas. En primer lugar está el rey Ezequías (716-687 a. C.; 2 R 18.1-20.21), que tuvo como contraparte religiosa al profeta Isaías (2 R 19.1-20.19). También bajo el liderato del rey Josías (640-609 a. C.; 2 R 22.1-23.30), que recibió el apoyo religioso de algunos profetas, incluyendo Jeremías.

Del primer monarca, Ezequías, es importante recordar su capacidad para reorganizar el gobierno y librarse, de manera milagrosa, de la invasión de Senaquerib (2 R 19.1-37), y también de su oración intensa, solicitando la misericordia divina al saber que iba a morir (2 R 20.1-11). Del segundo, Josías, es menester destacar su decisión de poner de manifiesto una reforma religiosa luego que se encontrara abandonado en el Templo el libro de la Ley del Señor (2 R 22.3-23.23).

El mundo de la política internacional del Oriente Medio se vio afectado adversamente luego de la caída de Samaria por el crecimiento del Imperio babilónico, que en el 612 a. C. conquistó finalmente y destruyó la ciudad de Nínive, capital del imperio asirio. En efecto, con la llegada al poder de Nabucodonosor (604-562 a. C.) en Babilonia se establece el nuevo imperio, que manifiesta rápidamente su gran capacidad bélica y sus firmes políticas imperialistas y expansionistas en la región.

Y en ese nuevo escenario político, social, militar, económico e histórico, el reino de Judá fue una de las naciones que sufrió las consecuencias, pues fue invadido en tres ocasiones. La primera invasión tuvo lugar bajo el reinado Joacim, en el 605 a. C.; posteriormente, en el 598 a. C., hubo una segunda incursión babilónica, cuando deportaron al incumbente rey Joaquín a Babilonia junto a la clase gobernante; y en el 587 a. C. se llevó a efecto la tercera invasión, que implicó la devastación de la ciudad de Jerusalén, la destrucción del Templo y el exilio de sus ciudadanos.

La tercera invasión de Judá constituyó la destrucción del reino del sur y marcó un hito histórico de gran importancia teológica para el pueblo de Israel y para las narraciones de la Biblia. Las decisiones imprudentes e insensatas del rey Sedequías, a quienes los babilónicos habían dejado en el poder en sustitución de Joaquín, tuvieron un desenlace fatal. Y aunque el profeta Jeremías (Jer 27.1-28.17) había advertido, infructuosamente, de las posibles consecuencias de tales decisiones y acciones, su palabra sabia no convenció al rey judío ni detuvo a los ejércitos babilónicos. Las consecuencias fueron nefastas: la destrucción de las instituciones políticas, sociales y religiosas de Jerusalén, y el comienzo de un período de exilio que marcó permanentemente la vida del pueblo judío.

La sección final del libro de los Reyes (2 R 25.22-30) presenta la vida de las personas que quedaron en la ciudad de Jerusalén luego de la catástrofe de la deportación al perder la guerra. Se alude al asesinato de Gedalías, a quien las autoridades babilónicas habían puesto como gobernador de la región, y la posterior liberación del rey Joaquín en el exilio, a quien le restituyeron su dignidad real.

Teología

El propósito teológico de los libros de los Reyes es poner en evidencia la importancia de la fidelidad al pacto como criterio fundamental e indispensable para el éxito del proyecto político del pueblo con la institución de la monarquía. En efecto, los logros y fracasos de los reyes y sus administraciones están íntimamente relacionados a la obediencia a la Ley que manifestaba de forma concreta en el pueblo y sus reyes, en el rechazo de la idolatría y el sincretismo religioso.

La clave para comprender la historia de Israel y Judá, que culminó en la pérdida de las instituciones nacionales según los libros de los Reyes, es el análisis religioso de las acciones del pueblo. Esa era la gran lección que debía aprender Israel al leer estos documentos nacionales luego del exilio en Babilonia. El propósito pedagógico era subrayar las consecuencias nefastas de la idolatría y la infidelidad, y también enfatizar los resultados adversos del sincretismo religioso y la desobediencia. De acuerdo con la teología de esta literatura, la cualidad más importante de un gobernante era llevar al pueblo por el sendero de la fidelidad al pacto y la alianza que Dios reveló en el monte Sinaí a través de su siervo Moisés.

Y en este análisis teológico se presentan dos reyes que constituyen los paradigmas de las acciones de los monarcas. David, que representa la fidelidad a la palabra divina, y Jeroboam, que es símbolo de impiedad y rebeldía. La evaluación de cada monarca se articula en relación a esos dos reyes. Solo unos pocos reyes son descritos con virtud (p. ej., Ezequías y Josías), pues llevaron a efecto reformas religiosas y transformaciones gubernamentales que intentaban regresar al pueblo a los senderos antiguos de la fidelidad a Dios.

Un componente adicional se debe tomar en consideración al evaluar las implicaciones teológicas de las narraciones de los libros de los reyes, y es el importante concepto de Dios como rey. Desde muy temprano en la historia nacional se articuló en medio del pueblo la afirmación de que el Señor era el único rey de Israel, en contraposición a la experiencia de las naciones vecinas. Esa percepción se pone en clara evidencia en poemas antiguos (Ex 15.8) y en los Salmos (Sal 18; 93; 95-98). En efecto, unida al pacto en el Sinaí se incluye la idea de que el Dios eterno y único establecía una alianza con el pueblo.

Esa teología de Dios como rey estuvo presente en la mente de los profetas y los redactores de los libros de los Reyes al evaluar las ejecutorias de los gobernantes. Mientras el rey eterno, que había demostrado su poder en medio de la historia nacional, se mantenía fiel, los monarcas humanos se caracterizaban por las infidelidades y las injusticias.

En efecto, esa continua contraposición entre el rey divino y el humano es un factor fundamental para la evaluación crítica de la institución de la monarquía, que al final sucumbe ante las fuerzas militares de los asirios, primeramente, y luego ante los avances imperialistas de los babilónicos. No podía prevalecer una institución humana como la monarquía de acuerdo con estas percepciones teológicas, al haber sustituido al Dios eterno, poderoso y fiel por monarcas humanos a los que les caracterizaba la infidelidad, la impotencia y la injustica.

7

❋ Los libros de Esdras y Nehemías

Te he dado corazón sabio y entendido,
tanto que no ha habido antes de ti otro como tú,
ni después de ti se levantará otro como tú.
Y aun también te he dado las cosas que no pediste,
riquezas y gloria, de tal manera que entre los reyes
ninguno haya como tú en todos tus días.
Y si anduvieres en mis caminos, guardando mis
estatutos y mis mandamientos, como anduvo David
tu padre, yo alargaré tus días.

NEHEMÍAS 1.8-9

La obra cronista

El libro de Esdras-Nehemías es parte de un gran cuerpo literario que incluye también los dos libros de las Crónicas, y manifiesta unidad literaria, estilística, temática y teológica. Es una obra mayor que tiene como finalidad básica presentar una interpretación teológica de la historia del pueblo de Israel desde sus comienzos prehistóricos, con la figura de Adán, hasta la reorganización de la sociedad judía luego del destierro en Babilonia, durante la reconstrucción de la ciudad de Jerusalén y la renovación del pacto o alianza bajo el imperio persa. Con estos libros, que se conocen comúnmente como «la obra cronista», culmina la sección final de la Biblia hebrea llamada *Ketubim* o Escritos.

Desde la época rabínica toda esta obra cronista se ha entendido como producto de un solo autor, que generalmente se identificaba con Esdras, el escriba. Con el paso del tiempo, y también con la sofisticación de las metodologías de análisis crítico de las Escrituras, se afirma la unidad literaria y teológica de los libros, pues es posible que provengan si no de un solo autor, por lo menos, de la misma escuela de pensamiento judío. Y aunque el autor de la obra utiliza tradiciones y documentos antiguos del pueblo, la redacción final debe haber sido luego del período de la restauración nacional; posiblemente por los años 450-400 a. C.

El fundamento básico para afirmar la unidad literaria de la obra cronista es el siguiente: la obra manifiesta unidad de vocabulario y estilo literario, y también presenta analogías gramaticales, sintácticas y redaccionales, similitud en el uso de las fuentes bíblicas y extrabíblicas, existencia de temas y bloques literarios duplicados en toda la obra (p. ej., Esd 1.1-3 y 2 Cr 36.22-23), y continuidad narrativa entre Crónicas y Esdras-Nehemías. Además, los grandes temas que unen todas estas narraciones se relacionan con el cumplimiento de la promesa divina a David, la importancia y prioridad del trabajo de los sacerdotes levíticos en la liturgia del Templo, Jerusalén como ciudad santa y el Templo como el centro cúltico y educativo del pueblo.

Algunos estudiosos contemporáneos han puesto en duda esta unidad literaria y de autor de la obra cronista, fundamentados, en primer lugar, en el análisis filológico y lingüístico de los libros, además de identificar algunas diferencias en las formas en que Crónicas y Esdras-Nehemías atienden los temas del culto y el sacerdocio. Aunque estos estudios literarios son importantes, nosotros mantenemos la postura tradicional de unidad en la obra cronista, pues los argumentos que se articulan para rechazar esta unidad literaria y de autor no son lo suficientemente convincentes como para alterar nuestra comprensión en torno a estos temas.

El propósito básico del cronista fue presentar la historia del pueblo desde una perspectiva teológica. Su finalidad específica fue reflexionar sobre las vivencias nacionales y sacar algunas conclusiones éticas, morales y espirituales para aplicarlas a las nuevas realidades de la comunidad judía luego del período exílico en Babilonia. Su objetivo fundamental era revisar la historia del pueblo de Israel para descubrir y afirmar algunos valores y enseñanzas que le permitieran a la comunidad judía postexílica vivir el futuro sin las dificultades, los desafíos y las angustias que experimentaron como consecuencia de sus rebeldías, desobediencias y pecados. Y aunque el cronista entendía que la monarquía había llegado a su fin, la obra liberadora de Dios no había acabado, pues se manifiestan importantes cambios de restauración y signos positivos de esperanza.

El libro Esdras-Nehemías

El libro de Esdras-Nehemías presenta la historia el pueblo de Israel en el singular período de la restauración. Las narraciones articulan las contribuciones destacadas de nuestros protagonistas, Esdras y Nehemías, al proceso de consolidación de la sociedad judía postexílica en Judá y Jerusalén y a la reconstrucción de la ciudad, el Templo, el culto y las murallas, que le brindaban al pueblo estabilidad socio-económica y seguridad política. Esdras era responsable de las políticas hacia la comunidad judía en el imperio persa; y Nehemías, por su parte, era un alto funcionario de la corte real. Ambos personajes eran judíos prominentes que servían y vivían en Persia: el primero era un escriba que había dedicado toda su vida al estudio de la Ley y también a ponerla por obra (Esd 7.10); y el segundo recibió el título de gobernador de Judá (Neh 5.14).

El nombre de Esdras significa «Dios ayuda», y el de Nehemías «el Señor consuela», y ponen de manifiesto el contexto teológico y sicológico de toda la obra. Son personajes que confían en un Dios que tiene el compromiso, la capacidad y el deseo de intervenir, actuar, apoyar, ayudar, consolar, fortalecer y confortar a su pueblo.

La figura de Esdras, además, se destaca de varias formas. Su genealogía, en primer lugar, lo relaciona directamente con Aarón (Esd 7.1-5). Además, su designación como «escriba» alude a un tipo de trabajo de gran responsabilidad en la antigüedad (no solo en Israel, sino en Babilonia, Egipto y Persia), pues era un tipo de profesional que se encargaba de escribir las memorias de los gobiernos. Luego del exilio, cuando no se podían llevar a efecto los sacrificios en el Templo, algunos sacerdotes desarrollaron esas habilidades literarias y se dedicaban al estudio sistemático de la Ley y a la recopilación de las tradiciones antiguas del pueblo. Y Esdras fue uno de ellos.

Posiblemente los libros de Esdras y Nehemías originalmente eran obras independientes. Y el material básico de ambas obras lo constituyen las memorias de cada uno de los protagonistas. Sin embargo, en manos del autor cronista, o de su escuela de pensamiento, se unieron para formar una obra narrativa que tiene continuidad literaria, histórica y teológica. La Septuaginta (LXX) dividió la obra en dos y los colocó en el canon griego después de los libros de las Crónicas; en el canon hebreo, sin embargo, Esdras-Nehemías está inmediatamente antes de esos libros.

Entre las fuentes literarias que utilizó el libro de Esdras-Nehemías para desarrollar su escrito se encuentran las siguientes: las memorias de Esdras (Esd 7.1-10.44), que tienen un carácter político y oficial, y las de Nehemías, que son esencialmente de índole privado y personal, como son las oraciones y plegarias que abundan en su libro (p. ej., Neh 3.36-37; 5.19; 6.14); documentos oficiales del imperio persa (Esd 1.2-4; 7.11-26); correspondencia de las autoridades persas con los líderes samaritanos y judíos (Esd 4.9-16, 17-22; 5.7-17; 6.3-12). Además, la obra utilizó una serie importante y significativa de listas, entre las que se encuentran las siguientes: de los repatriados (Esd 2.1-70; 8.1-14); de los que habían contraído matrimonio con mujeres extranjeras (Esd 10.18-43); de los que firmaron la renovación del pacto (Neh 10.2-28); y la de los habitantes de Jerusalén y Judá (Neh 11.3-12, 26).

La obra Esdras-Nehemías es bilingüe, pues se escribió en hebreo, pero incluye una muy importante sección en arameo, que corresponde a la documentación oficial entre el gobernador de la región de Samaria y las autoridades persas (Esd 4.8-6.18); además de la correspondencia entre Esdras y Artajerjes referente a la autorización necesaria para quienes quisieran acompañar al escriba a Jerusalén para comenzar las reformas y la implantación de la Ley (Esd 7.12-16). De singular importancia en el tipo de hebreo que se utiliza en la obra es el uso continuo de expresiones de origen arameo, que delatan claramente su entorno histórico postexílico. Y con la excepción de algunos detalles, el texto hebreo de la obra nos ha llegado sin muchas complicaciones.

El singular asunto en torno a quién llegó primero a Jerusalén, Esdras o Nehemías, ha llamado la atención de los estudiosos durante el último siglo. El problema se relaciona inicialmente con la falta de referencias que se hacen uno al otro estos dos importantes líderes judíos postexílicos. De acuerdo con estas interpretaciones, además, las actividades de ambos, según la cronología expuesta en la obra, pueden revelar algunas contradicciones internas y dificultades de armonización.

Para solucionar el llamado problema en la cronología del libro de Esdras-Nehemías se han presentado varias teorías que no son muy convincentes. Entre ellas podemos mencionar el cambio en la identificación del rey persa, de Artajerjes I a Artajerjes II; y también se ha aludido a un error textual en la referencia al año de la llegada de Esdras (en vez de haber llegado el año séptimo del rey, llegó el vigésimo séptimo o quizá el trigésimo séptimo). Sin embargo, estas teorías no responden adecuadamente a un supuesto problema cronológico que no todos los estudiosos aceptan como problema.

Estructura y contenido

La obra de Esdras-Nehemías nos presenta de forma general la historia del pueblo judío en Jerusalén desde la llegada de los primeros grupos de judíos de la diáspora (c. 538-520 a. C.) hasta el año 32 del rey Artajerjes I (c. 433 a. C.). Esas caravanas de inmigrantes que viajaban desde Persia a Judá se produjeron gracias al famoso edicto del rey de Persia, Ciro, en el 538 a. C. (Esd 1.1-6). Ese edicto autorizaba el regreso de los exiliados a Jerusalén y les permitía la reconstrucción del Templo. Estas narraciones nos permiten comprender un poco la sociología de los cambios y las transformaciones que se llevaron a efecto en los procesos de restauración nacional en el período postexílico.

En el libro de Esdras se destacan las dinámicas asociadas a la llegada de los primeros dos grupos de inmigrantes judíos de la diáspora, luego de la promulgación del edicto de Ciro. El primer grupo llegó a Jerusalén como uno o dos años luego del edicto (c. 537 a. C., Esd 1.1-6.22), y el segundo (Esd 7.1-10.44) arribó a la ciudad el séptimo año del rey Artajerjes (c. 459 a. C.).

El libro de Esdras comienza con una narración que une el final del segundo libro de Crónicas con las nuevas experiencias del recién llegado escriba (Esd 1.1-6; 2 Cr 36.22-23). Y esa afirmación, además de las implicaciones históricas y literarias, tiene gran importancia profética: el cronista afirma que el regreso de los deportados a Jerusalén desde Babilonia es el cumplimiento pleno de la profecía de Jeremías en torno al fin del destierro (Jer 25.11-12; 29.10). En efecto, la obra de Esdras comienza con una importante declaración teológica: los deportados son parte de un momento especial de Dios en la historia en el cual se hacía realidad el oráculo del profeta unos setenta años antes.

El grupo inicial de deportados que regresaron a Jerusalén fueron liderados por Sesbasar, que era un figura destacada en Judá (Esd 1.8); inclusive, había recibido el título oficial de «sátrapa» en el imperio persa (Esd 5.14), que efectivamente describe al gobernador de la región de Judá, que incluía la ciudad de Jerusalén.

En esta misma sección inicial del libro de Esdras, se encuentra una importante lista de quienes regresaron del exilio (Esd 2.1-70). Y entre esas personas y familias, se encuentra Zorobabel (Esd 2.2), hijo de Salatiel, que era un descendiente directo de la casa de David, al ser el nieto del penúltimo rey de Judá, Joaquín (véase Mt 1.12; Lc 3.27). Además, la lista incluye a Josué, que provenía de la familia de los sumos sacerdotes, como Sadoc. Respecto a la figura de Zorobabel, que significa «nacido en Babilonia» o «hijo de Babilonia», los profetas Ageo y Zacarías se encargaron de afirmar el potencial mesiánico de su presencia en Jerusalén (Ag 2.23; Zac 4.8-14; 6.9-14). Y, referente a su figura, estos profetas afirmaron y levantaron las expectativas mesiánicas y restauradoras del pueblo, particularmente las esperanzas de los recién llegados de Babilonia.

Con la llegada de este grupo entusiasta de inmigrantes, las labores de reconstrucción del altar y del culto, además del Templo y de la ciudad, comenzaron rápidamente (Esd 3.1-13). Esas obras de reconstrucción, sin embargo, se detuvieron momentáneamente por las interferencias continuas de algunos grupos vecinos, particularmente por las acciones agresivas y hostiles de los grupos samaritanos (Esd 4.1-24). Posteriormente, bajo la efectiva dirección de Zorobabel y Josué, las importantes labores de reconstrucción nacional se reanudaron (Esd 5.1-6.22).

De singular importancia en la crisis de la reconstrucción es la comunidad samaritana. Este término, «samaritano», más que describir un grupo étnico definido y específico alude a una comunidad mixta que estaba ubicada en la antigua región de Samaria, que incluía descendientes de los grupos israelitas que vivían en la región luego de la destrucción del reino del norte, Israel, en el 722 a. C. Esos samaritanos procedían de la unión de los israelitas con los grupos que llegaron a la región, incentivados y movidos por el imperio asirio (2 R 17.27-28). Esas complejas dinámicas, de índole histórica, social, política y étnica, unida a las ya tradicionales disputas y confrontaciones entre el reino del norte (Israel) y del sur (Judá), propiciaron las actitudes adversas y el resentimiento de los samaritanos, que objetaron abiertamente las obras de reconstrucción en Jerusalén, emprendidas por los recién llegados inmigrantes de Babilonia.

La segunda sección del libro de Esdras (Esd 7.1-10.44) describe la llegada y las labores del segundo gran grupo de repatriados de Babilonia, que en esta ocasión llegaban bajo el mando de Esdras. Esa nueva oleada de inmigrantes fue autorizada oficialmente por el rey Artajerjes, que deseaba que se observara en Judá, de forma rigurosa, «la Ley del Dios del cielo» (Esd 7.12, 21). El escriba Esdras contaba de este modo con el completo apoyo del imperio, pues representaba no solo las expectativas religiosas, políticas, sociales y espirituales del pueblo de Israel en el retorno, sino que además afirmaba la política oficial del imperio persa y sus intereses institucionales. Esta política persa de incentivar y promover las religiones regionales de los pueblos ayudaba a la pacificación de las comunidades conquistadas, además de propiciar la paz en el imperio.

Esdras, de acuerdo con las narraciones bíblicas, llevó a efecto su misión con dedicación y responsabilidad. Su primera labor fue promulgar una muy importante reforma religiosa, que demandaba la reorganización de la comunidad jerosolimitana en función y de acuerdo con la Ley de Moisés (Neh 8.1-9.37). Una de sus decisiones más aguerridas, firmes y radicales fue la afirmación de la ley que restringía considerablemente el matrimonio con mujeres extranjeras. Y el fundamento teológico para esa decisión tan radical era el potencial de la idolatría e infidelidad a Dios, que se relacionaba con ese singular tipo de matrimonios llamados «mixtos» (Esd 9.1-10.44).

En el contexto de estas narraciones se pone en evidencia clara la importancia de la reconstrucción del Templo de Jerusalén, que se conoce específicamente como el Segundo Templo para diferenciarlo del primero, que fue construido por Salomón luego del reinado de David. Aunque el trabajo de reconstrucción comenzó a la llegada de los primeros repatriados, por las dificultades con los samaritanos y por las estrecheces económicas el trabajo se suspendió hasta que, finalmente, se completaron las obras de reconstrucción en el período de los años 520-515 a. C. (Esd 6.13-18). Esa importante labor física de Zorobabel y Josué fue apoyada decisivamente por los mensajes proféticos de Hageo y Zacarías, que incentivaban el apoyo del pueblo para los restauradores.

El Segundo Templo, por los problemas en los procesos de reconstrucción y las dificultades fiscales, no tuvo el esplendor del primero. Sin embargo, aunque no poseía las virtudes ni las bellezas del Templo de Salomón, alrededor de su inauguración (515 a. C.) se generó una renovación extraordinaria de la vida espiritual y religiosa del pueblo, que se pone en clara evidencia en la celebración de la fiesta de la Pascua (Esd 6.19-22).

El libro de Nehemías sigue las narraciones que comenzaron en la obra de Esdras. En esta ocasión se destacan las dificultades y los problemas que tuvo este alto oficial del imperio persa al llegar a Jerusalén para continuar con las obras de reconstrucción de la ciudad. Específicamente, Nehemías pidió y recibió autorización oficial al rey de Persia para reconstruir la ciudad y para reedificar sus muros de protección. Recibió el cargo oficial de «gobernador» (Neh 5.14; 8.9), que en este singular contexto político posiblemente se refiere a algún tipo de representante oficial del imperio persa con poderes temporeros, delimitados y específicos.

De acuerdo con las narraciones de Nehemías, este «copero del rey», título que indica claramente la alta responsabilidad que tenía nuestro personaje en el imperio persa, llegó a Jerusalén por el año veinte del rey Artajerjes (Neh 2.1-15). Su labor fue intensa: en solo cincuenta y dos días completó la reconstrucción de los muros de la ciudad, aunque tuvo que enfrentar grandes dificultades con la oposición tenaz, agresiva, continua y firme de los samaritanos (Neh 2.16-7.73).

La labor de Nehemías incluyó también el propiciar la ceremonia religiosa para la renovación del pacto o alianza del pueblo. Esdras, en esa ocasión, leyó solemnemente el «libro de la Ley» y el pueblo respondió con gestos de humildad, contrición y humillación ante Dios (Neh 8.1-10.40). Nuestro personaje promulgó, además, cambios sustanciales en la política pública de la ciudad con el objetivo de repoblar Judá y su capital, Jerusalén. También Nehemías participó activamente en la dedicación de los muros de la ciudad (11.1-12.47). En efecto, su labor fue de gran significación para el pueblo.

Luego de la partida de Nehemías a Persia, el pueblo parece que se enfrascó en una serie de desviaciones espirituales y confusiones religiosas que requirió una segunda intervención de nuestro personaje (Neh 13.1-31). Unos trece años después de su regreso (c. 433 a. C.) Nehemías debe volver a Jerusalén para afirmar y participar en la restauración del judaísmo, que había olvidado algunas prácticas de gran importancia teológica, litúrgica y práctica. Había que salvaguardar, entre otros asuntos de gran importancia económica, cúltica, social y teológica, la santidad del Templo, el respeto al día de reposo y los procesos para colectar las ofrendas y los diezmos. De esta forma se presenta a un Nehemías que no solo contribuyó de forma destacada en la reconstrucción física de la ciudad y en la renovación de sus instituciones básicas, sino que colaboró, junto a Esdras, en las importantes reformas y transformaciones religiosas del pueblo en el período postexílico.

Teología de la obra

La teología del libro de Esdras-Nehemías se fundamenta en la convicción de que la restauración religiosa, social, espiritual y política del pueblo, con su retorno del exilio, era el cumplimiento de las antiguas profecías bíblicas (Jer 25.12-12; 29.10; Is 44.28;

45.1-5). Desde el comienzo mismo de la obra (Esd 1.1-4) se pone en evidencia clara que los repatriados son el verdadero «resto de Israel», o la estirpe santa (Esd 9.2), que era una manera teológica de validar las profundas transformaciones que experimentó la ciudad de Jerusalén con la llegada de los deportados. Esas serias convicciones teológicas fueron las que le permitieron a Esdras y Nehemías implantar las profundas reformas religiosas que llevaron a efecto.

En ese singular e interesante contexto profético, y en ese entorno de renovaciones religiosas y sociales, el culto y la Ley cumplen papeles protagónicos. En efecto, las transformaciones que iniciaron Esdras y Nehemías, y las reconstrucciones físicas de la ciudad, necesitaban una buena infraestructura teológica que sirviera de base a esas labores. Y esa importante e indispensable base se la brindó, en la vida diaria del pueblo, la importancia del Templo y los sacrificios, que habían cesado luego de la destrucción de la ciudad de Jerusalén y sus instituciones con la victoria de Nabucodonosor en el 587 a. C.

Luego del exilio y la reconstrucción del Templo, las ceremonias religiosas se convirtieron en el centro de la vida comunitaria, pues el poder político real ya no estaba en Jerusalén, sino en Persia. Los sacerdotes se dedicaron a recolectar las tradiciones antiguas del pueblo y a reinterpretarlas a la luz de las nuevas realidades socio-políticas de la época.

Ese ambiente de renovación religiosa promovió el deseo de alcanzar un mayor nivel de pureza espiritual. Y para garantizar y promulgar esas nuevas prioridades cúlticas se impidió que familias sacerdotales llevaran a efecto sus oficios si no tenían un registro oficial de su árbol genealógico (Esd 2.59-63), y se aprobaron nuevas ordenanzas y regulaciones para evitar los matrimonios mixtos, incluyendo la drástica decisión de expulsar a las mujeres extranjeras que no hubieran aceptado la religión judía como propia (Esd 10.1-44). Además, se impidió a las comunidades vecinas participar de las actividades religiosas en los lugares sagrados judíos (Esd 4.1-24), por las preocupaciones que tenía el liderato del Templo acerca de las prácticas heterodoxas que profesaban, específicamente los grupos samaritanos.

Las reformas de Esdras y Nehemías fueron de vital importancia para el nacimiento del judaísmo, que fue la religión que se desarrolló en Jerusalén con el regreso de los judíos del exilio en Babilonia. Esta experiencia religiosa, que se asociaba mayor e inicialmente con los miembros de la antigua tribu de Judá, se caracteriza, entre otros valores, por su adhesión a la Ley mosaica y sus interpretaciones, y por el estudio sistemático y profundo de las Escrituras.

8

❋ El libro de Ester

Entonces dijo Mardoqueo que respondiesen a Ester:
No pienses que escaparás en la casa del rey
más que cualquier otro judío.
Porque si callas absolutamente en este tiempo,
respiro y liberación vendrá de alguna otra parte
para los judíos; mas tú y la casa de tu padre
pereceréis. ¿Y quién sabe si para esta hora
has llegado al reino?

ESTER 4.13-14

El libro

Ester es otro libro corto de las Sagradas Escrituras que presenta la vida de una joven judía que vivía en Persia y que se convirtió en heroína al salvar a su pueblo de una gran persecución y del exterminio que se cernía sobre su comunidad en el imperio. Su valentía, prudencia, sagacidad y humildad le han ganado un sitial de honor en las narraciones bíblicas y en la historia del pueblo de Israel. Hasta el día de hoy, la comunidad judía de todo el mundo recuerda con regocijo sus hazañas redentoras en el calendario litúrgico de la sinagoga.

El nombre de Ester no proviene de la lengua hebrea. Posiblemente es derivado del babilónico *Istar*, que identifica a la diosa del amor. Hay estudiosos que piensan, sin embargo, que se puede relacionar con la palabra persa *stara*, que alude a los astros o las estrellas. En hebreo, a nuestra protagonista se la conoce como Hadasa (Est 2.7), hija de Abigail y sobrina de Mardoqueo, otro personaje protagónico de la obra. Ese nombre, Mardoqueo, se puede asociar con Marduk, la famosa divinidad babilónica.

Una lectura pausada del libro revela que la obra, que es una joya literaria en el género de la narración, se ha escrito con sentido de unidad y dirección. El objetivo básico del relato es presentar la fiesta de Purim como recuerdo de la salvación de los judíos en Persia. Algunos temas que se repiten y revelan esa continuidad en el estilo de la obra son las siguientes: los banquetes (Est 1.1-22; y 9.17, 22); las parejas de personajes: Asuero y

Vasti, Ester y Mardoqueo, Amán y Zeres; y las sustituciones: Ester sustituye a Vasti, Mardoqueo remplaza a Amán; y la alegría llega por la posibilidad de la muerte.

En estas narraciones del libro se pueden identificar tres momentos de gran importancia temática y teológica: la decisión de Ester de apoyar a su pueblo (Est 4.15-17), el reconocimiento de Amán a Mardoqueo (Est 6.1-13) y la selección de Mardoqueo como líder nacional (Est 8.15-16). Además, es probable que el autor o los autores del libro, por el desarrollo de los temas que abordan, hayan tenido acceso a otras secciones de la Biblia, como son los relatos de José, en Génesis, y el libro de Daniel.

El libro de Ester se encuentra, en el canon hebreo, en el octavo lugar en la tercera sección de las escrituras, los *Ketubim* o Escritos, a la vez que es el quinto entre el grupo de los *maghillot*, o rollos, que son obras que tienen un singular espacio en las festividades anuales de la comunidad judía. Ester se lee durante las fiestas de Purim, que se celebra anualmente los días 14 y 15 de Adar (entre los meses de febrero y marzo). La explicación bíblica del nombre Purim (Est 3.7) indica que proviene de la palabra *pur*, que significa «suerte», pues el día señalado para la aniquilación de los judíos en el imperio persa fue determinado echando suertes. Algunos estudiosos piensan que la fiesta puede relacionarse con el éxodo de Egipto, y otros la asocian con alguna celebración antigua en Persia.

Antes de formar parte del canon hebreo los rabinos judíos debatieron mucho el carácter sagrado de la obra que, además de no mencionar directamente el nombre de Dios, justifica una fiesta profana y manifiesta cierto gusto por la venganza. La obra tampoco alude a los grandes temas teológicos de la religión del pueblo de Israel como, por ejemplo, la Ley, el pacto y la elección. Posiblemente su aceptación definitiva en los círculos judíos se dio en el s. III o IV d. C. En el canon cristiano la obra no tuvo grandes dificultades y fue recibida sin muchos problemas desde temprano en la historia.

Respecto a los textos antiguos del libro de Ester, es importante indicar que en la actualidad se disponen de tres formas textuales antiguas de importancia. La primera es el texto masorético (TM) en hebreo, que junto a dos manuscritos griegos nos permiten estudiar las formas antiguas de la obra. Uno de los manuscritos griegos es corto y se relaciona con el TM, mientras que el otro, más extenso, contiene varias secciones que no aparecen en el TM. Esas añadiduras griegas al texto hebreo se conocen como las secciones apócrifas o deuterocanónicas del libro de Ester.

Las secciones apócrifas del libro de Ester incorporan los siguientes temas al libro: un sueño preliminar de Mardoqueo, la referencia al edicto para la matanza de los judíos, las oraciones de Mardoqueo y Ester, las ejecutorias de Ester ante el rey, el decreto de restauración de la comunidad judía y, finalmente, la interpretación del sueño de Mardoqueo. Estas añadiduras griegas le añaden al libro una dimensión teológica que no contiene el texto hebreo, pues incorporan una serie de detalles teológicos que le brindan a la obra una comprensión alterna del mensaje básico del libro. Las añadiduras griegas de Ester son una forma alterna de entender el libro con ojos religiosos y teológicos.

Un aspecto interesante e importante relacionado con el libro de Ester es que no se han encontrado copias de esta obra entre los manuscritos descubiertos en Qumrán. Sería, de esta manera, el único libro de la Biblia hebrea que no tiene representante en esa colección de obras del mar Muerto. Esta singularidad podría deberse a que no se ha encontrado aún toda la biblioteca y que quizá posteriormente se encuentre. Otra posibilidad es que, como los qumramitas no tenían Purim como una fiesta judía oficial, decidieron que la obra no era necesaria en su biblioteca; además, en el texto no se menciona el nombre divino y Ester no parece haber seguido las leyes dietéticas tradicionales de la comunidad judía.

La fecha de edición final del libro de Ester se asocia al período persa por los siglos v y iv a. C., aunque los temas de sabiduría que se exponen y articulan pueden provenir de siglos anteriores. Esta identificación de fechas se relaciona con las palabras de origen persa que se encuentran en el libro y el conocimiento que muestra la obra de las costumbres de la época persa, particularmente de la cultura de la corte real y de las divisiones geográficas del imperio.

El autor del libro debe haber sido un judío culto que vivió en la diáspora persa y que conocía bien las tradiciones bíblicas, particularmente la literatura sapiencial. Hay quienes piensan que la obra es producto del mismo Mardoqueo, o quizá de Ester, aunque la identificación precisa del autor es, en el mejor de los casos, insegura.

Estructura y contenido

La estructura del libro de Ester se puede dividir en cuatro secciones básicas divididas en diez capítulos. Las narraciones se ubican en el contexto majestuoso de imperio persa, en Susa, su capital, en la corte del rey Asuero, también conocido como Artajerjes en la versión de la Septuaginta (LXX), el séptimo año de su reinado. La protagonista indiscutible del relato es Ester, que llega a ser la reina de Persia gracias a los consejos de su tío y a su valentía, determinación y sagacidad.

Ester proviene de una familia de la tribu de Benjamín que fue llevada al exilio en Babilonia por Nabucodonosor. Los otros personajes de alguna significación temática en la obra son los siguientes: Mardoqueo, tío de nuestra protagonista; Amán, el primer ministro de Persia y enemigo acérrimo de Mardoqueo y de los judíos; y el rey Asuero, que en la obra cumple una función casi pasiva, pues generalmente depende de alguien para tomar decisiones, que generalmente no son las más sabias ni prudentes.

La primera sección (Est 1.1-2.23) trata de la deposición de Vasti como reina del imperio y la selección de Ester como su sustituta. De acuerdo con el relato, la reina Vasti no acató la orden del rey de que se presentara a una fiesta oficial del reino con la corona real para que los invitados, entre los que se encontraban príncipes e invitados distinguidos del monarca, pudieran contemplar su belleza. Todo el pueblo de Susa era consciente de las celebraciones oficiales del rey y del gran banquete, y también estaba atento a las reacciones de Vasti. La respuesta real al rechazo público de Vasti fue su deposición: la sacaron oficialmente del palacio y le quitaron sus privilegios reales.

Mardoqueo, que estaba al tanto de las intrigas del palacio, decide orientar a Ester hasta llevarla al harén del rey y conseguir que la coronen reina de Persia. Luego de un proceso nacional de búsqueda, Ester fue seleccionada reina pero, siguiendo los consejos de su tío, ocultó su origen étnico judío. Ese fue el contexto general de la llegada de Ester al palacio persa.

La segunda sección y escena importante de la obra (Est 3.1-15) se relaciona con el decreto de exterminio del pueblo judío. La intriga en la obra aumenta, pues las relaciones entre Amán, el primer ministro del imperio, y Mardoqueo, tío de la reina, no son las mejores. Esas dinámicas interpersonales se transforman en resentimientos y odio cuando Mardoqueo rehúsa saludar públicamente a Amán con las genuflexiones y las postraciones tradicionales en ese singular contexto cultural y político (Est 3.5-6).

La respuesta de Amán no se hizo esperar, pues organizó una trama, basada en mentiras y engaños, para hacer que el rey firmara un edicto de exterminio contra la comunidad judía del imperio. Este holocausto inmisericorde se fundamentaba en el odio irracional, de acuerdo con las narraciones bíblicas, que sentía un oficial del reino contra solo un miembro de la comunidad judía.

La narración presenta a un rey Asuero voluble, frágil, inseguro, débil, manipulable, que no tiene consciencia de las implicaciones éticas y morales de sus decisiones. Amán es una figura ambiciosa, rencorosa, inmadura, hostil, peligrosa y vengativa; deseaba recibir honores que no le correspondían. Mardoqueo, por su parte, es calculador, ponderado, sabio, seguro de sí mismo; representa en la obra al judío orgulloso de sus tradiciones y su cultura, aunque viva en medio del politeísmo persa, pues su nombre se deriva de una divinidad babilónica; estaba interesado no solo en el futuro positivo de su comunidad (Est 4.1-2) sino de todo el pueblo persa (Est 2.21-23). Y Ester, nuestra protagonista, desarrolla su personalidad de forma paulatina en la obra, pues de tímida e insegura al comienzo se revela como valiente y firme al final.

La tercera parte de la obra (Est 4.1-5.14) presenta las respuestas de Mardoqueo ante el peligro inminente de exterminio de su comunidad. Mardoqueo exhorta a Ester a que interceda ante el rey por el pueblo judío para evitar esa masacre injusta y tragedia nacional. Y Ester, después de prepararse adecuadamente en oración y ayuno, se presenta ante el rey sin seguir los protocolos oficiales que podían costarle la vida, revela al monarca su origen étnico judío e intercede a favor de su pueblo. El monarca aprecia las intervenciones de Ester y la suerte de los judíos, desde este momento en las narraciones del libro, comienza a cambiar. En efecto, la intervención oportuna de la reina hizo que el rey promulgara otro edicto en el cual le permitía a los judíos defenderse y responder con vigor a los ataques enemigos.

En la parte final del libro (Est 6.1-10.4) se presenta la destrucción de Amán y el triunfo de los judíos. En efecto, Amán es llevado a la horca, Mardoqueo es elevado a un sitial de honor en el imperio, y los judíos obtienen la victoria en sus luchas contra los persas que les perseguían. En el contexto de esas celebraciones y alegrías se instituye una fiesta nacional, Purim, para conmemorar la victoria significativa del pueblo judío ante ese posible holocausto nacional (Est 9.20-22). Como Amán había echado suertes para determinar el día de la aniquilación, la fiesta de Purim recuerda la buena suerte que favoreció a los judíos en el imperio persa.

Teología

La primera lectura del libro identifica como un tema prioritario la celebración y el origen de la fiesta de Purim. En efecto, ese es un asunto de gran importancia temática y teológica, pues se relaciona directamente con una intervención salvadora del pueblo judío. Y aunque no se alude en las narraciones explícitamente a Dios, la lectura histórica y religiosa de los relatos puede relacionar sin mucha dificultad los eventos descritos con la providencia divina.

Sin embargo, una lectura más cuidadosa y crítica del libro revela otros temas espirituales y teológicos de gran importancia educativa y ética. El libro de Ester revela cómo deben actuar las personas ante los desafíos extraordinarios de la vida. Mardoqueo no se mantuvo pasivo ante las dinámicas que atentaban contra la seguridad de su pueblo y también contra la estabilidad del imperio; y Ester puso de manifiesto el valor de una mujer en una hora histórica. Esta mujer puso elocuentemente de relieve el poder de la valentía en momentos de crisis. Decidió intervenir para que la justicia imperara en Persia. Entendió la importancia de llegar ante el rey y presentar el caso judío, aunque esas decisiones y acciones pudieron haberle costado la vida.

En este sentido teológico, el libro de Ester es un buen tratado de la responsabilidad humana en la manifestación de la voluntad divina. No se sentaron Mardoqueo y Ester a esperar que la justicia divina se manifestara de forma mágica en la historia, sino que decidieron traducir sus valores y creencias en decisiones atrevidas que marcaron la diferencia en todo un pueblo. Ellos no permanecieron callados ante las injusticias organizadas por Amán y permitidas por Asuero. Mostraron una teología contextual, pertinente, actualizada, real y vivida en medio de las dinámicas diarias del pueblo.

Este tipo de teología que se pone en evidencia clara en las narraciones del libro de Ester; entiende que la historia humana es el escenario principal de las acciones divinas. Para nuestros personajes protagónicos, Dios no está cautivo en las celebraciones históricas o litúrgicas del pueblo, sino que interviene de forma liberadora y decisiva en medio de las vivencias y realidades humanas, tema que tiene gran importancia y prioridad en la teología que se pone de relieve en el Pentateuco, particularmente en las narraciones de la liberación de Egipto y en la teología de los profetas.

La teología de Ester es una de esperanza y afirmación de futuro; en efecto, es un pensamiento de porvenir y proyección al mañana. Las angustias presentes que afectan a la humanidad, según este pensamiento teológico, aunque tengan posibilidades de aniquilación, como en el caso del libro de Ester, no son la palabra final de Dios a la humanidad. De algún lugar vendrá el socorro, de algún sector inimaginable provendrá la ayuda que transformará el potencial de muerte en un ambiente de vida y celebración.

Según esta teología de Ester, las personas ocupan diversas posiciones en la sociedad que pueden ser oportunidades valiosas e importantes para hacer la diferencia entre la vida y la muerte, entre el cautiverio y la liberación, entre la guerra y la paz, entre la justicia y la opresión, entre el llanto y los gozos, entre las posibilidades de bien y las realidades del mal…

9

❀ Los libros de Crónicas

Ahora pues, hijo mío, Jehová esté contigo,
y seas prosperado, y edifiques casa a Jehová
tu Dios, como él ha dicho de ti.
Y Jehová te dé entendimiento y prudencia,
para que cuando gobiernes a Israel,
guardes la ley de Jehová tu Dios.
Entonces serás prosperado, si cuidares de poner
por obra los estatutos y decretos que Jehová mandó
a Moisés para Israel. Esfuérzate, pues, y cobra
ánimo; no temas, ni desmayes.

1 CRÓNICAS 22.11-13

Las Crónicas

Los libros de Crónicas presentan una interpretación teológica de la historia de Israel que desea poner en evidencia clara las diversas formas en que Dios ha intervenido en medio de las vivencias y realidades del pueblo. La narración de esas manifestaciones divinas en la historia comienza con Adán (1 Cr 1.1-9.44), en la prehistoria de Israel; llega a su punto culminante con el gran relato de la monarquía de David (1 Cr 10.1-29.30) y finaliza con el famoso edicto del rey de Persia, Ciro (2 Cr 36.22-23), que sirve para indicar que ha finalizado definitivamente el exilio de los judíos en Babilonia.

El mensaje central de la obra es el siguiente: aunque las acciones del pueblo de Israel se pueden caracterizar por sus desobediencias repetidas, deslealtades continuas y rebeldías reiteradas, Dios siempre ha sido fiel a sus promesas pues, como respuestas a esas acciones individuales y colectivas impropias de Israel, ha manifestado de manera constante y firme su misericordia y amor. Y ese importante mensaje de fidelidad cobra dimensión nueva e importancia capital en el período de restauración nacional, luego del exilio, cuando el pueblo, para emprender los azarosos procesos de restauración nacional, necesitaba palabras de aliento y mensajes de esperanza. La palabra final de los libros de Crónicas al pueblo y a la historia no es la derrota de Jerusalén ni el fin de sus instituciones religiosas y sociales, ni mucho menos la destrucción del Templo, sino el aliento y sentido de futuro que produce saber que ya el retorno a la ciudad santa se acerca y se hace realidad.

El título oficial de la obra en hebreo es *dibré hayammim*, que significa «hechos», «acontecimientos», «anales» o sencillamente «crónicas». En la versión griega de la Septuaginta (LXX), seguida por la Vulgata latina (V), estos libros se presentan como Paralipómenos, expresión que alude a las «cosas dejadas» o los «suplementos». Este título en griego y latín presupone, sin un fundamento teológico o literario firme, que las Crónicas completan los libros de Samuel y Reyes. Al igual que estas obras históricas deuteronomistas, las Crónicas constituían inicialmente un solo libro que la Septuaginta dividió en dos, y esa división posteriormente se incorporó en las ediciones hebreas de la Biblia.

En el canon hebreo las Crónicas constituyen el último libro de su tercera sección, *Ketubim* o Escritos, y asimismo de toda la Biblia. Esa es una manera teológica de terminar las Sagradas Escrituras, con el edicto de liberación del rey persa (2 Cr 36.22-23), que es ciertamente un firme mensaje de esperanza y restauración para la comunidad judía de todos los tiempos. En efecto, las Crónicas constituyen una especie de compendio de la historia del pueblo de Israel que va desde sus mismos orígenes, con Adán, hasta el retorno del exilio en Babilonia.

El autor o autores de la obra, identificado como «el cronista», parece ser un judío conocedor de las antiguas tradiciones históricas y teológicas del pueblo que, luego del exilio en Babilonia, interpretó la historia nacional desde una perspectiva teológica para afirmar la esperanza y el futuro de la comunidad que trabajaba arduamente en la reconstrucción nacional en Jerusalén.

En el canon cristiano, que se fundamenta en la disposición de los libros bíblicos de la Septuaginta (LXX) y la Vulgata latina (V), los libros de Crónicas preceden al de Esdras-Nehemías. Este arreglo presupone que esta obra es una especie de introducción a la historia nacional del período postexílico de restauración. En efecto, desde esta perspectiva histórica y teológica, las narraciones que se incluyen en las Crónicas deben preceder a la información que se transmite en el resto de la obra cronista, Esdras-Nehemías.

Con la excepción de los primeros capítulos (1 Cr 1.1-9.44), que manifiestan una serie compleja de dificultades textuales, los manuscritos hebreos antiguos que han llegado a nosotros se conservan en un muy buen estado, cosa que no es el caso de los libros de los Reyes.

Fuentes y género literario

Una lectura general de las Crónicas pone rápidamente en evidencia una serie de recursos y fuentes que sirvieron de base a sus narraciones y reflexiones. Esas fuentes literarias y orales fueron utilizadas con cautela y reconocimiento, pues se alude inclusive a sus títulos y también se hace referencia a sus procedencias. De singular importancia en la identificación de sus fuentes es el marcado uso de las narraciones que están incluidas en los libros de Samuel y Reyes, con quienes las Crónicas tienen paralelismos importantes.

Entre las fuentes usadas por el redactor cronista, solo como ejemplo, se pueden identificar claramente las siguientes: el libro de los reyes de Israel (2 Cr 20.34), el de los reyes de Judá e Israel (2 Cr 16.11), el de los reyes de Israel y Judá (1 Cr 9.1; 2 Cr 27.7; 35.27; 36.8), y el de las Crónicas del rey David (1 Cr 27.24); los Hechos de Jehú (2 Cr 20.34) y los de Jozay (2 Cr 33.19); los *midrashim* de los libros de los reyes (2 Cr 24.27) y del profeta Iddo (2 Cr 13.22); y las gestas de los reyes de Israel (2 Cr 33.18). Es posible que algunas de estas fuentes aludan, con nombres o títulos diferentes, a los mismos libros o recursos.

Además de utilizar todas estas fuentes literarias u orales, las Crónicas también hacen buen uso de las tradiciones proféticas de Israel (Is 7.9 y 2 Cr 20.20; Zac 4.10 y 2 Cr 6.41-42), y aluden o citan directamente a algunos Salmos (p. ej., Sal 132.8-11 y 2 Cr 6.42-42; además de los Sal 96, 105 y 106, en 1 Cr 16.8-26). Inclusive, es muy probable que las Crónicas se sirvieran de tradiciones que se encuentran en el Pentateuco (p. ej., 1 Cr 1.1-9.44),

como son las genealogías de los antiguos patriarcas antediluvia-
nos. En efecto, este análisis revela el amplio conocimiento que
tenía el cronista de las tradiciones históricas y teológicas del pueblo de Israel.

El género literario de la obra presenta la historia de la salvación del pueblo. En efecto, las Crónicas articulan una lectura
teológica de la historia o una historia de Israel basada en la teología de la restauración nacional. Este tipo de expresión literaria
presupone un valor teológico significativo, que en el particular
caso de las Crónicas es la revelación constante al pueblo de la
providencia divina que se manifiesta constantemente en acciones de amor, perdón y misericordiosa, aunque las actitudes y
acciones de Israel se caractericen por la rebeldía, el pecado
y la desobediencia.

En efecto, la historia teológica de las Crónicas es fuente de
esperanza a una comunidad que lucha por superar las dificultades
tradicionales del pasado para crear el futuro nacional de restauración basado en los principios de fidelidad al pacto o alianza con
Dios, según la revelación divina en el monte Sinaí. El propósito
educativo y didáctico de las Crónicas es brindarle al pueblo un
modelo concreto de identidad religiosa que le permita proyectarse al futuro con seguridad nacional e identidad espiritual. Esas
enseñanzas fueron fundamentales en el desarrollo del judaísmo
en la época intertestamentaria, y que llegó al Nuevo Testamento.

Estructura y contenido

En la elaboración de su mensaje, las Crónicas interpretan la
historia nacional desde su singular perspectiva teológica. Deseaban afirmar que Dios ha estado presente en las vivencias del
pueblo, aunque sus intervenciones no hayan sido del agrado de la
comunidad. La providencia divina no se ha alejado de la vida del
pueblo ni un solo momento, aunque Israel no lo haya reconocido
ni sus líderes lo hayan apreciado. Esa capacidad y deseo de intervención en la historia de parte de Dios es fuente de esperanza
a un pueblo que reorganiza sus instituciones y reconstruye sus

ciudades luego de la debacle del exilio. En efecto, la historia de las Crónicas es el recuento de la fidelidad de Dios.

Para comprender el mensaje histórico y teológico en las Crónicas, la obra puede dividirse en cuatro secciones básicas. La primera es la historia previa a la dinastía de David (1 Cr 1.1-9.44), que va desde la figura de Adán hasta la constitución de la monarquía en Israel. Las narraciones en torno a David y su reino dominan la segunda sección de la obra (1 Cr 10.1-29.30). Los episodios que describen el reinado de Salomón ocupan el tercera sección importante de las Crónicas (2 Cr 1.1-9.31). Finalmente, la cuarta parte de las Crónicas se relaciona con el desarrollo de la institución de la monarquía hasta la caída de la ciudad de Jerusalén (2 Cr 10.1-36.21). La palabra final de las Crónicas, sin embargo, no es la derrota de Judá y la destrucción de Jerusalén, sino las noticias en torno al edicto de Ciro, con la decisión oficial persa que permitía la reconstrucción del Templo. Esa información constituye un indispensable elemento de esperanza que tiene gran valor espiritual y peso teológico en toda la obra cronista (2 Cr 36.22-23).

La primera gran sección de las Crónicas, que sirve de gran preámbulo a la presentación de la dinastía de David, incluye una serie importante de genealogías bíblicas (1 Cr 1.1-9.44). Estas listas extensas de personajes, que se presupone que las personas que leen u oyen las narraciones deben reconocer con facilidad, intentan relacionar directamente al rey David con Adán. Esa es una manera de afirmar que la implantación de la dinastía davídica es parte de la voluntad divina desde el comienzo mismo de la historia.

La implicación teológica y nacionalista de estas afirmaciones genealógicas es que el reino establecido por David, y también su dinastía, es parte integral de la voluntad divina que viene desde el inicio mismo de la humanidad. Para la teología de Crónicas, uno de los momentos cúspide de la historia nacional, según se manifiesta en estas genealogías, es el establecimiento de la monarquía y el inicio de la dinastía davídica.

Las listas no solo incluyen nombres de figuras antiguas, sino presentan pueblos, territorios y ciudades; y en los grupos no se identifican mujeres. Las líneas demográficas van desde Adán y prosiguen con Abrahán y los doce hijos de Jacob o Israel, y concluye con Saúl. En el centro de estas narraciones está la tribu de Judá, de la cual procede David; además, se destaca la tribu de Leví. Las demás personas que tienen cierta importancia en las narraciones bíblicas pasan a un segundo plano, pues el objetivo de la inclusión de este material es destacar la figura de David; la finalidad es enfatizar las contribuciones religiosas, cúlticas, litúrgicas del famoso rey de Israel.

El inicio de las Crónicas es una manera singular de poner de manifiesto el proyecto de Dios para la humanidad: lo que le brinda sentido a la historia de Israel, según estas genealogías, es la figura de David, por sus contribuciones a la vida religiosa y cúltica del pueblo. Esa afirmación, que es más teológica que histórica, es de suma importancia educativa, pues se presenta a la comunidad postexílica, que ya no tenía la monarquía davídica ni gozaba poder político independiente. Por esa razón fundamental las Crónicas debían identificar y destacar las contribuciones religiosas de David vía el sacerdocio, pues esa institución nacional fue la que cobró importancia capital luego del retorno de los deportados de Babilonia.

En la segunda gran sección de las Crónicas (1 Cr 10.1-29.30) se presenta la figura y las contribuciones del rey David. Para la finalidad teológica de las Crónicas, la monarquía de Saúl parece no tener gran importancia: solo se le dedican veinticuatro versículos (1 Cr 9.35-10.14), y esa información lo que destaca es su rechazo divino y su muerte. En esencia, Saúl es solo una figura transitoria que prepara el camino para la presentación de David como figura destacada en la esfera nacional.

El grueso de las narraciones del primer libro de Crónicas se relaciona con David, a quien se dedican veinte capítulos, ¡casi el veinticinco por ciento de la obra! Estas narraciones, sin embargo, no aluden tanto a la vida personal o familiar del rey ni tampoco a sus actividades políticas y militares oficiales: destacan de forma inequívoca sus importantes contribuciones a la vida religiosa del pueblo; especialmente, afirman la organización que llevó a efecto del culto en Jerusalén.

Como la finalidad de la obra Cronista es presentar la vida y las acciones de David como el modelo a seguir en el período postexílico, no todas las narraciones en torno a su vida y sus ejecutorias que se encuentran en la historia deuteronomista se incorporan en esta nueva comprensión teológica de la historia nacional. Por esta singular razón teológica es que en las Crónicas no se alude a los siguientes episodios en la vida de David: sus dificultades y conflictos con Saúl (1 S 16.1-31.13); los siete años que reinó en Hebrón solamente sobre la tribu de Judá (2 S 1.1-4.12); las intrigas y los problemas en la corte durante el proceso de sucesión del trono, con la rebelión de su hijo Absalón (2 S 9.1-20.36); y su adulterio con Betsabé y el asesinato de Urías el heteo (2 S 11.1-21).

Sin embargo, abundan y se expanden las referencias a las decisiones y acciones de David que tuvieron repercusiones de importancia en el desarrollo de la vida religiosa del pueblo. Por ejemplo: la conquista de la ciudad Jerusalén que propició que David unificara el reino (2 S 5.1-25); el traslado del arca del pacto o alianza a Jerusalén (2 S 6.1-23); el anhelo de David de construir el Templo y la promesa a su dinastía (2 S 7.1-29); y las formas en que luego de vencer a sus enemigos hace los preparativos para construir el Templo (2 S 8.1-12.31).

Esa información, que proviene de los libros de Samuel, se une a las narraciones que incluyen las Crónicas sobre las actividades de David a favor del culto y la vida religiosa del pueblo: los preparativos para la construcción del Templo y la organización del culto (1 Cr 21.1-22.19); y la organización de varios grupos de trabajadores del Templo: por ejemplo, levitas, sacerdotes, cantores, porteros y guardias (1 Cr 23.1-26.32).

La sección en torno a David culmina con una serie de consejos que el veterano rey le brinda a su hijo, Salomón, que seguirá en la monarquía y procederá con la construcción del Templo (1 Cr 28.1-9). Incluye, además, la lista de las donaciones que el mismo David y los líderes del pueblo hicieron para apoyar el proyecto de construcción (1 Cr 29.1-30). Terminan las narraciones en torno a David con una oración de acción de gracias del monarca y con el relato de su muerte (1 Cr 29.10-21).

La lectura del material en torno a David, que se incluye tanto en los libros de Samuel como en las Crónicas, revela que estos últimos deseaban destacar su figura como el monarca ideal, como el líder que cumplía a cabalidad la voluntad divina. Su importante decisión de construir el Templo en Jerusalén se vio ampliamente recompensaba, de acuerdo con las narraciones bíblicas, con una promesa perpetua de vida para su dinastía. Esa es la razón teológica fundamental para que los cronistas evitaran mencionar, en torno al rey David, sus dificultades éticas y morales, su agresividad y violencia, y su falta de solidaridad y fraternidad. Y la mención del pecado del censo, que se describe como una manipulación de Satán, se incluye en las Crónicas porque está relacionado con el lugar en el cual posteriormente se construiría el Templo (1 Cr 21.1-30).

Los relatos de las Crónicas en torno a Salomón son también bastante importantes (2 Cr 1.1-9.31), a juzgar por la información que incluye y el espacio que se le brinda en la obra (¡casi una cuarta parte del libro!). Al igual que en el caso de David, las narraciones en torno a Salomón en las Crónicas destacan sus importantes contribuciones en relación a la construcción del Templo y en el establecimiento del sistema regular de cultos. Y, aunque sigue muy de cerca los relatos deuteronomistas (p. ej., 1 R 1.1-11.20), elimina las referencias que pudieran afectar adversamente la figura del monarca.

Es esa la razón fundamental para que se omitan las referencias a las formas en que Salomón llegó al trono y cómo procedió con la eliminación inmisericorde y decidida de sus adversarios (1 R 1.1-2.46); ni se alude en las narraciones a sus deficiencias éticas, morales y doctrinales (1 R 11.1-13). Las Crónicas tampoco incorporan los relatos en torno a Salomón que revelan sus errores políticos y administrativos, que en parte causaron posteriormente la división del reino (1 R 11.14-40). En el espíritu de las narraciones teológicamente motivadas en torno a David, las Crónicas presentan a Salomón en la tradición de virtudes de su predecesor.

Como el propósito teológico de la presentación de Salomón en las Cónicas no es personal, la obra no hace referencia a la famosa demostración de sabiduría salomónica en el juicio sobre los hijos de unas mujeres que estaban en disputa (1 R 3.16-28). Sin embargo, entre los temas que se incluyen se pueden identificar algunas de sus importantes actividades culturales (2 Cr 1.2-6; 6.40.42; 7.1-3).

La imagen de Salomón en las Crónicas, en efecto, es la de un rey sabio e inteligente, que, motivado y guiado por Dios, llevó a cabo una serie de construcciones de gran importancia política, social, económica, cultural y espiritual en la ciudad de Jerusalén. Y entre sus contribuciones destacadas a la vida del pueblo y a la historia nacional, según las Crónicas, están las transformaciones que hizo en el culto y la liturgia del Templo al seguir las indicaciones de su padre, David.

El énfasis que pone el cronista en Salomón se relaciona con su sabiduría y los cambios que introdujo e implantó en la vida religiosa del pueblo. Y es por ese motivo teológico básico que la obra en sus narraciones le brinda un espacio privilegiado a los preparativos y detalles de la construcción del Templo, el traslado del arca y la celebración de la fiesta de la dedicación (1 Cr 2.1-7.51).

La sección inicial de las narraciones en torno a Salomón presenta su inauguración, en la cual recibió la sabiduría divina (2 Cr 1.1-13); y la parte final (2 Cr 8.1-9.31) pone de manifiesto sus logros y la magnificencia de su reino. Referente al esplendor de sus posesiones, según las Crónicas, hasta la famosa reina de Saba le visitó para conocer y reconocer el alcance de sus riquezas (2 Cr 9.1-12).

El resto de las Crónicas se relaciona con la monarquía, específicamente con la dinastía de David (2 Cr 10.1-36.23). El énfasis de las narraciones está en la historia del reino de Judá, desde la división de la monarquía en los reinos del norte y el del sur hasta la presentación del edicto de Ciro. En el norte, el reino de Israel estableció su capital en la ciudad de Samaria; y en el de Judá Jerusalén continuó como el centro político, económico y religiosos del estado.

Para las Crónicas, la única dinastía válida, de acuerdo con la voluntad de Dios y la promesa divina, era la davídica. De esa forma, según estas narraciones, los únicos reyes válidos eran los de

Judá, que provenían de la casa de David, aunque la evaluación de las acciones de estos monarcas no haya sido la mejor. Y uno de los criterios básicos para la evaluación de todos estos reyes es la fidelidad que demostraron a los valores y las enseñanzas que se ponen de manifiesto en el pacto o alianza de Dios con el pueblo en el monte Sinaí.

Con ese singular y definido propósito teológico, las Crónicas destacan las actividades y decisiones de varios monarcas que promulgaron reformas religiosas de importancia para el pueblo. Ese es el caso de los reyes Josafat (2 Cr 17.1-20.37), Ezequías (2 Cr 29.1-32.33) y Josías (2 Cr 34.1-35.27). En torno a estos reyes, las Crónicas subrayan el compromiso religioso que mostraron y las transformaciones cúlticas que llevaron a efecto. Y porque fueron fieles al Señor, recibieron la evaluación positiva del cronista y sus contribuciones se incluyen en las memorias nacionales.

Por el contrario, los monarcas que vivieron de espaldas al pacto se evaluaban como que «hicieron lo malo ante los ojos del Señor», que es la frase estereotipada que utilizan las Crónicas para describir a algún monarca que no vivió a la altura de las exigencias divinas, de acuerdo con la revelación de Dios a Moisés y al pueblo en el Sinaí. Y como representantes de estos reyes impropios e impíos, el cronista identifica claramente a Joacim, Joaquín y Sedequías (2 Cr 36.4-21).

El papel de los profetas en las narraciones de las Crónicas es de suma importancia teológica. En contraposición directa a las acciones fallidas de los reyes y del pueblo, los profetas eras una especie de consciencia ética de la comunidad y sus líderes. Sus llamados a la conversión y sus insistencias al arrepentimiento son signos de esperanza, futuro y liberación. Esos mensajes proféticos revelan claramente que la misericordia divina estaba activa y disponible para el pueblo, aunque las rebeldías e infidelidades abundaban y les caracterizaban. La revelación divina de los profetas pone de manifiesto una vez más que el perdón de Dios es una posibilidad real para el pueblo, pues es mayor que los pecados de sus líderes y la comunidad.

Esos importantes mensajes proféticos revelan un sentido claro de futuro y seguridad, que se subraya con las afirmaciones en torno a los reyes Nabucodonosor de Babilonia (2 Cr 36.17-21), y Ciro de Persia (2 Cr 36.22-23). De acuerdo con las Crónicas, ambos gobernantes extranjeros y politeístas son agentes de Dios en la implantación de su voluntad histórica: el primero, instrumento para la manifestación de la ira divina y el juicio de Dios al pueblo; y el segundo, fuente de esperanza y liberación de la comunidad deportada.

Teología

La teología de las Crónicas es una respuesta directa al período histórico que vivía el pueblo, luego de las experiencias amargas y nefastas del exilio en Babilonia. La finalidad teológica era presentar un mensaje de esperanza y restauración a un pueblo que recordaba aun las penurias del destierro y las inseguridades relacionadas con la pérdida de la hegemonía política y las instituciones nacionales. De singular importancia en esa crisis de pérdida era la terminación de la dinastía de David como ente gobernante del pueblo. Y esa dificultad cobraba dimensiones enormes e inexplicables, pues el pueblo entendía que la institución de la monarquía se fundamentaba en una promesa de Dios a David.

Para responder a esos desafíos teológicos y existenciales, las Crónicas desean afirmar que el pueblo de Israel, luego del exilio en Babilonia, debía recuperar su identidad como pueblo de Dios, además de reinterpretar sus instituciones e historia para proseguir adecuadamente su vida en medio de unas nuevas realidades políticas y sociales. Afirmaban las Crónicas que el Dios bíblico tenía la capacidad y el deseo de manifestar nuevamente su amor y su misericordia si el pueblo se comprometía a vivir de acuerdo con los preceptos, las enseñanzas y los valores incluidos en el pacto o alianza.

Entre los postulados teológicos de importancia que se destacan en la obra cronista están los siguientes: el plan de Dios, que comenzó con la creación y Adán, no ha finalizado con el pueblo de Israel; e Israel es el pueblo escogido, con quien estableció un pacto eterno, que tiene implicaciones históricas aún después del exilio.

La teología de la esperanza mesiánica en las Crónicas es de importancia capital. Es una manera profética de afirmar que el Israel postexílico tiene futuro; y es una forma teológica de destacar el porvenir positivo del pueblo. Aunque se reconoce que las dificultades del exilio en Babilonia fueron devastadoras, adversas y nefastas, también se afirma que Dios empeñó su voluntad y su palabra con el pueblo de Israel, y que cumplirá fielmente esas promesas, fundamentado en su amor, misericordia y lealtad. Las antiguas palabras de Natán (1 Cr 17.1-27) cobran dimensión nueva en el período de la reconstrucción nacional, pues el mensaje del profeta era fuente de esperanza y seguridad, sus palabras eran motivacionales en el contexto de una sociedad que deseaba proseguir con los esfuerzos de restauración y recuperar la normalidad de la vida.

Y en ese entorno de dificultades sociales y económicas, desafíos políticos nacionales e internacionales, e incertidumbres religiosas y espirituales, el tema del culto descubre nueva significación y pertinencia. Como en las Crónicas la figura de David es la que domina el ámbito político y social del pueblo, se destacan las contribuciones del monarca a la vida religiosa de la comunidad y se afirma la importancia del Israel postexílico como una comunidad cúltica. Y como todas las instituciones del pueblo debían revisarse a la luz de las nuevas realidades y vivencias postexílicas, la propuesta de las Crónicas es que en medio de las dinámicas cúlticas y litúrgicas es que el pueblo descubre su identidad y se puede proyectar al futuro.

La finalidad teológica en las Crónicas no es establecer un nuevo orden político y social con la implantación de un régimen monárquico novel, sino presentar un paradigma alterno en el cual lo religioso estaba en el centro de la comunidad y el culto se convertía en el corazón de la vida del pueblo. En este sentido, la religión postexílica ocupa un papel protagónico, especial y significativo, pues en medio de esas dinámicas espirituales es que el pueblo descubría su identidad nacional y se organizaba para proyectarse al futuro. El Templo de esta forma recobró su antiguo valor religioso y aumentó su poder social, económico y político.

Es por estas razones teológicas que el Templo, el culto, las liturgias y el personal de apoyo a las labores sacerdotales se convierten en centro de atención para las Crónicas. La base que debe sostener a la comunidad restaurada luego del exilio es la vida religiosa alrededor del Templo, que se convierte en el fundamento existencial de la comunidad. El Israel postexílico es el pueblo del pacto y de las Escrituras. Y si las figuras de David y Salomón se destacan es por las contribuciones que hicieron en torno a estos temas.

Bibliografía

Incluyo en este capítulo una lista parcial de libros que pueden ayudar a la persona interesada a profundizar en los temas que expongo en esta obra en torno a los profetas de la Biblia hebrea. Les invito a continuar las lecturas sobrias, los análisis ponderados y las reflexiones críticas, para comprender mejor, y también para disfrutar y compartir, el mensaje transformador y los ministerios renovadores de este singular grupo de hombres y mujeres de fe. Estas personas decidieron anunciar la palabra divina en medio de las más complejas realidades cotidianas del pueblo, y se comprometieron a presentar sus oráculos de juicio y esperanza frente a las adversidades y los desafíos de la existencia humana.

He identificado únicamente obras en español e inglés, y solo en contadas excepciones se incluye alguna literatura clásica o de importancia capital previa a 1980. Pueden encontrar bibliografías extensas, y en otros idiomas, en las obras de Pagán, Sicre y González Lamadrid.

ASURMENDI, J., *Introducción al estudio de la Biblia 1* (Estella: Verbo Divino, 1990).

BEAUCHAMP, P., *Ley, Profetas, Sabios* (Madrid: Ediciones Cristiandad, 1977).

BROWN, RAYMOND E., FITZMYER, JOSEPH A. Y MURPHY, ROLAND E., *Nuevo Comentario Bíblico San Jerónimo* (Estella: Verbo Divino, 2005).

BRUEGGEMANN, W., *La imaginación profética* (Santander: Sal Terrae, 1986).

CAZELLES, H., *Introducción crítica al Antiguo Testamento* (Barcelona, 1981).

DELORME, J. y BRIEND., J., *Introducción crítica al Antiguo Testamento* (Barcelona, 1981).

DRANE, J., *Introducción al Antiguo Testamento* (Barcelona, 2004).

FARMER, W. R., *Comentario Bíblico Internacional* (Estella: Verbo Divino, 1999).

GONZÁLEZ LAMADRID, A. y otros, *Historia, Narrativa Apocalíptica*, 5ª impresión (Navarra: Verbo Divino, 2012).

LEVORATTI, A. J. y otros, *Comentario Bíblico Latinoamericano* (Estella: Verbo Divino, 2007).

OVERHOLT, T. W., *Prophecy in History: The Social Reality of Intermediation* JSOT 48 (1990) 3-29.

PAGÁN, S., *Introducción a la Biblia hebrea* (Barcelona: CLIE, 2013).

_____, *Jesús de Nazaret* (Barcelona: CLIE, 2014).

PORTER, J. R., *The Origins of Prophecy in Israel*, en R. Coggins y otros (eds.) *Israel's Prophetic Tradition* (Cambridge, 1982) pp. 12-31.

RAD, G. von, *Teología del Antiguo Testamento* (Salamanca: Sígueme, 1971).

_____, *Estudios sobre el Antiguo Testamento* (Salamanca: Sígueme, 1976).

REID, S. R., *The End of Prophecy in the Light of Contemporary Social Theory: A Draft* SBL Sem. Papers (1985) pp. 515-523.

SCHÖKEL, Luis Alonso, *Estudios de poética hebrea* (Barcelona: J. Flors, 1963).

SICRE, J. L., *De David al Mesías* (Estella: Verbo Divino, 1995).

_____, *Los profetas de Israel y su mensaje* (Madrid: Ediciones Cristiandad, 1986).

_____, *Introducción al Antiguo Testamento* (Estella: Verbo Divino, 1992).

STENDEBACH, F. J., *Introducción al Antiguo Testamento* (Barcelona: Herder, 1994).

TÁBET, M. A., *Introducción al Antiguo Testamento* (Madrid: Palabra, 2004).

ZIMMERLI, W., *La ley y los profetas* (Salamanca: Sígueme, 1980).